I0306571

www.ingramcontent.com/pod-product-compliance
Lightning Source LLC
Chambersburg PA
CBHW041553220426
43666CB00003B/54
9781889626017

بسم الله الرحمن الرحيم

أقـوال .. وخـواطـر

تأملات حول الحياة والتغيير .. والأمل

د. باسم كمال خفاجي

علـم للنشـر - القـاهـرة

اللوحة يمكن أن تعطي للكلمة روحاً .. وروح الكلمات
يمكن أن تفيض على اللوحات فتعطيها المعنى
© جميع الحقوق محفوظة، أقوال وخواطر، د.باسم خفاجي، فبراير ٢٠١٣م

العنوان: أقوال .. وخواطر
تأملات حول الحياة والتغيير .. والأمل
المؤلف: د. باسم كمال خفاجي
الناشر: علم للنشر. القاهرة
تاريخ النشر: الطبعة الأولى، ربيع الثاني ١٤٣٤هـ. مارس ٢٠١٣م
رقم الإيداع: ٢٠١٣/٣٩٧٧م
الترقيم الدولي: ٩٧٨-١-٨٨٩٦٢٦-٠١-٧

© جميع الحقوق محفوظة للمؤلف

الطبعة العربية الأولى
١٤٣٤هـ. ٢٠١٣م

Copyright © 2013 by ELME Publishing
All rights reserved، First Edition، 2013
Distributed under license Creative Commons

ISBN: 978-1-889626-01-7
Egypt: 3977/ 2013

جميع الحقوق محفوظة. لا يسمح بإعادة إصدار هذا الكتاب أو نقله في أي شكل أو وسيلة، سواء كانت إلكترونية أم يدوية أم ميكانيكية، بما في ذلك جميع أنواع تصوير المستندات كالنسخ أو التسجيل أو التخزين أو أنظمة الاسترجاع، دون إذن خطي من الناشر بذلك.

All rights reserved. No part of this publication may be reproduced, stored in retrieval system, or transmitted, in any form or by any means, electronic, manual, mechanical, photocopying, recording, or otherwise without prior written permission of the publisher.

القراءة ليست الحياة
أن تفكر فيما تقرأ هو
بداية الاهتمام بالحياة
© جميع الحقوق محفوظة، أقوال وخواطر، د.باسم خفاجي، فبراير ٢٠١٣ م

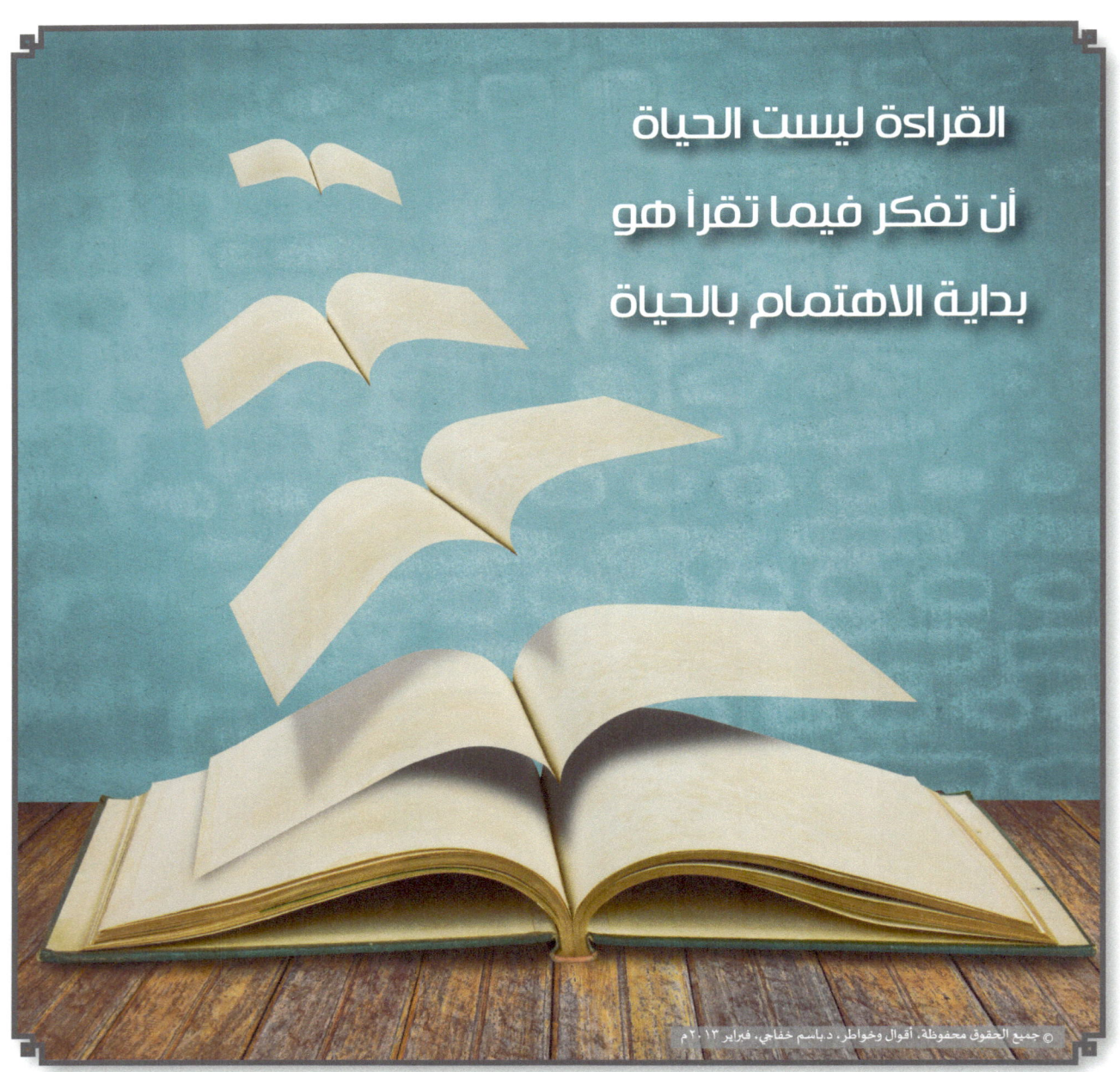

القراءة ليست الحياة .. أن تفكر فيما تقرأ هي بداية الاهتمام بالحياة .. وأن تتعلم مما تقرأ .. فأنت تجتهد في الحياة .. وأن تمارس ما تعلمته مما تقرأ .. فلديك فرصة أفضل في النجاح .. وأن تكتب عما تقرأ .. فلابد أن لديك بعض الوقت لتشارك الآخرين فيما تعلمت أو تمارس من تجارب الحياة.

خلال عامين من الحياة المتقلبة والمتغيرة في مصر .. كنت أهرب من تقلبات الواقع السياسي لأقرأ وأفكر أحيانا .. ثم لأقرأ وأكتب ما جال بخاطري أحيانا أخرى .. دائما ما أتذكر عنوان كتاب ابن الجوزي «صيد الخاطر» .. وأتمنى كثيرا أن أنجح وينجح غيري في اصطياد بعض تلك الخواطر التي تتداعى إلى النفس عند القراءة أو تأمل الحياة.

اخترت أن أجمع في هذا الكتاب .. بعض تلك الأقوال التي استوقفتني خلال العامين الماضيين .. والتي نجحت أن أتوقف عندها .. وأدوّن بعض المشاعر والتأملات التي جالت بخاطري وأنا أفكر في تلك المقولات.

كنت أرى هذه المقولات .. ولا أكتفي بقراءتها، فأحببت أن أعبر عن بعض مشاعري تجاه هذه المقولات في لوحة أو أكثر .. تعطي للكلمات بعدا آخر وزاوية نظر تجريدية قد تضيف إلى روح الكلمات .. فاجتمعت التأملات مع اللوحات لتشكل هذا الكتاب.

أتمنى أن تجد أيها القارئ العزيز في بعض هذه التأملات ما يفيد .. وإن لم يكن فالمقولات جميلة .. وليس لي من فضل إلا أن جمعتها لك في هذا الكتاب.

د. باسم كمال خفاجي
في ٢٣ فبراير ٢٠١٣م

لا تجعل حياتك حائرة تدور حول
خيال .. ولا تسب الدهر ..
فلولاه .. ما كنت هنا
© جميع الحقوق محفوظة، أقوال وخواطر. د.باسم خفاجي، فبراير ٢٠١٣م

إهداء ..

وأنا أضع اللمسات الأخيرة لهذا الكتاب، خسرت الضمير الحي الذي أحاط حياتي من بدايتها. توفي والدي رحمه الله. اجتهدت طوال العمر أن أتعلم منه مزيج الرحمة والحزم، ولا أظنني أفلحت. حاولت الاقتداء به في التواضع والعزة والصبر، ولا أراني نجحت. أسأل الله جل وعلا له أعلى درجات الجنة، وأهدي له باسمه .. الأستاذ/ كمال درويش خفاجي .. هذا الكتاب

تحيا الكلمات .. أطول من أعمارنا ..
لتشهد أننا يوماً ما .. كنا هنا

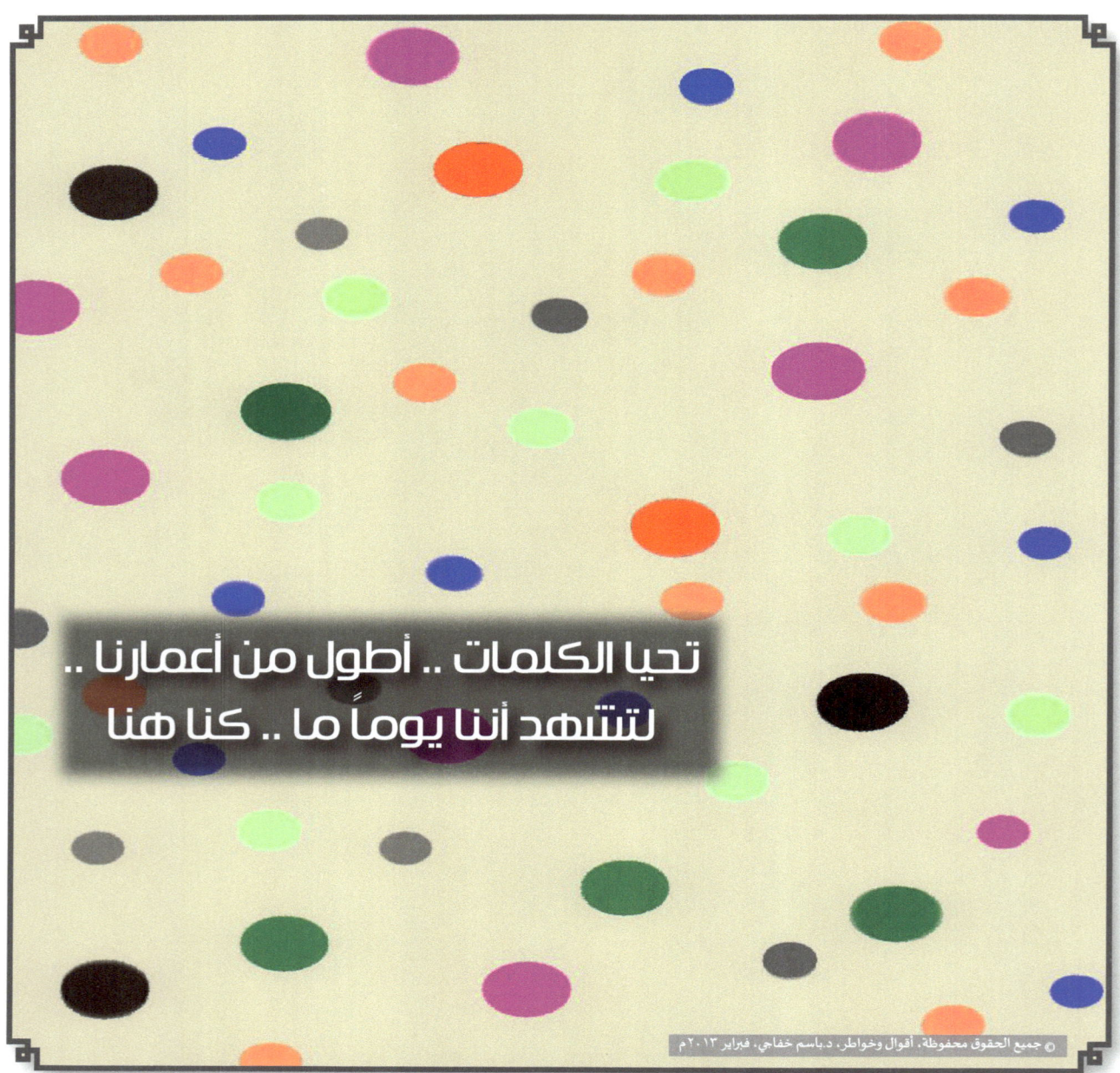

المحتوى

كلمة ٩
إهداء ١١
المحتوى ١٣
مقدمة ١٥

الجزء الأول ١٧
حول الحياة ١٩

الجزء الثاني ٤٣
عن التغيير ٤٥

الجزء الثالث ٨١
نحو الأمل ٨٣

الفكرة كاللحظة .. إذا
مضت .. لا تعود أبدا
© جميع الحقوق محفوظة، أقوال وخواطر، د.باسم خفاجي، فبراير ٢٠١٣م

مقدمة

« لماذا تنوي أن تكون شخصا ما غير ذاتك أنت! إذا أردت أن تكون شخصا ما، فلا تكن غير ذاتك أنت »

تيري بروكس

يقول ابن المجاهد عن حياته عندما كان يخالط الناس فيسمع ويقرأ ويتابع ما يقولون .. يقول: «كنت آخذ من كل علم طرفًا ، فإن سماع الإنسان قومًا يتحدثون وهو لا يدري ما يقولون غمة عظيمة» .. كان ابن المجاهد لا يهتم فقط بالسماع .. ولكن بالدراية أو التأمل فيما سمع أو قرأ أو أحاط به علما. وهذه هي الحياة .. إنما هي سلسلة من التأملات فيما نمر به من أحداث وما نسمعه أو نقرأه من كلمات.

وأنا ممن يتأملون الحياة وذات يوم قرأت عبارة كانت بالنسبة لي مهمة واستوقفتني كثيرا، وهي لدوجويت، تقول العبارة: إن «أصغر عمل جيد هو أفضل من أكبر نية جيدة». ليس كافيا أن نحيا بالنوايا الطيبة ولكن من المهم أن تتبعها أعمال تنافسها، أو تعلو عليها، أو تتممها في الإنجاز - إنه العمل.

قررت ألا أكتفي بالتأمل .. بل أربطه بعمل ما .. واخترت فكرة التدوين .. أن أصطاد تلك الأفكار التي تتداعى إلى الذهن عندما نسمع أو نقرأ مقولة ما. إن الفكرة كاللحظة .. إذا مضت لا تعود أبدا ببهائها الراهن .. ففي كل لحظة سيتفلت منا

تأملات حول الحياة والتغيير .. والأمل

الحاضر .. وسيتحول بملامستنا له أو كتابتنا عنه أو عن تأملاتنا فيه إلى ماض لا يتغير.

الكتابة هي شكل من أشكال توثيق الحاضر كي نحفظه للمستقبل .. لذلك لنا أن نكتب في حاضرنا ذلك الماضي الذي يليق بنا. وبدأت أكتب ما أفكر فيه عندما أقرأ عبارة أو مقولة جميلة .. وكتبت كثيرا واجتمعت مقولات .. وصاحبتها تدوينات .. ووضعت بعضها على صفحاتي في شبكات التواصل الاجتماعي .. وأوصاني بعض من أقدرهم أن أجمعها في كتاب.

أحسست أن الكتاب سيكون جافا .. والتأملات دائما توحي للذهن بصور أو لوحات .. فلماذا لا أجمع مع الكلمات .. تأملات مصورة .. تتناسب مع الكلمات .. وتخفف من جفاف النصوص .. فولد هذا الكتاب.

أحيانا أتساءل عن جدوى الكتابة أو جدوى التدوين .. وأحيانا أسأل نفسي .. هل هناك من لا يزال يهتم بقراءة أو اقتناء كتاب. أقول لنفسي مواسيا لها: إن الكتابة ستبقى ولن تزول في مواجهة الفضائيات والإعلام أو الشبكات.. بل إن كل هذه الوسائل تعيد إحياء دور الفكر والكتابة، وتزيد من تأثيرها وقوتها أيضا.

إن معظم ما يتوفر على شبكات الإنترنت هي مواد مكتوبة بالأصل، وهي في تزايد مستمر، ويزداد عدد قرائها باستمرار، وكذلك الحال في برامج الفضائيات.. فأكثرها يبدأ من النص المكتوب ليتحول إلى الصور المرئية والتفاعلية، وبالتالي فإن الكتابة لا تزال مؤثرة للغاية حتى في الإعلام المرئي. فالخبر المصور يحتاج إلى نص مكتوب للتعليق عليه وشرحه، والأغنيات المصورة تعتمد على كلمات، والحوارات الصحفية تستمد قوتها من أفكار مكتوبة، وتحول أيضا إلى نصوص توضع على صفحات إلكترونية لمواقع القنوات. وهذه الأمثلة هي جزء من الصورة الحقيقية لمستقبل الكلمة المكتوبة وأثرها على مستقبل البشرية.

لا أدري إن كانت الإجابة عن مستقبل الكتابة وجدواها هي نعم أم لا. ولكني أدرك أن الإنسان أحيانا يتمنى أن يشارك الآخرين بما لديه من أفكار .. هل يفعل هذا طلبا للشهرة .. أم لنفع الناس .. أم للأمرين معا؟ هي نية لا يعلمها إلا الله. ولكني في النهاية اخترت أن أجمع هذه المقولات وأضعها في هذا الكتاب.

بورسعيد، ٢٣ فبراير ٢٠١٣م

الجزء الأول

حول الحياة

لولا الأشواك .. لداست أقدام المسرعين
في سباقات الحياة .. كل الورود!
© جميع الحقوق محفوظة. أقوال وخواطر. د.باسم خفاجي. فبراير ٢٠١٣م

أقوال .. وخواطر

زهرة .. وشوكة!

« يتبرم البعض لأن الورود تحيطها أشواك، وأنا شاكر أن الأشواك بها زهور »

ألفونس كار

❦

في هذه الحياة تأتي السعادة محاطة ببعض المنغصات .. يمكنك أن تنظر إلى المنغصات فقط فتتوقف عن السعي خلف السعادة .. ويفوتك خير كثير. وحتى في نهاية قطار العمر .. مع نهاية رحلة الحياة .. تعلمنا أن «الجنة حفت بالمكاره» .. فلا تستغرب لوجود أشواك حول الزهور

كيف نعرف قيمة السعادة إن لم ندرك قسوة الألم! كيف نحدد قيمة اللحظات الجميلة إن لم تحط بها لحظات عادية أو أقل تشعرنا بجمال لحظة السعادة، مقارنة بغيرها

لا تحزن ولا تتبرم من بعض المنغصات على طريق الرضى .. فما هي إلا محفزات لك لكي تستمتع بلحظات الهناء، وتحمد الله تعالى أن أعطاها لك

في الحياة لا يحصل كل الناس بسهولة على ورود، حتى وإن كانت محاطة بشوك .. ونادراً ما تمنحك الحياة ورودا دون أشواك .. فاحمد الله تعالى أن منحك في طريق حياتك وروداً .. حتى وإن كان حولها بعض الأشواك

احذر من تلك الطرق التي حفت بالشهوات .. فهي ليست إلا أشواك قاتلة تصيب القلوب في مقتل .. وتختم الحياة خاتمة سوء .. ولنحمد الله تعالى أن الورود قد أحاطتها الأشواك .. فلولا هذا لداست أقدام المسرعين في سباقات الحياة كل الورود!

❦

ركز أن تكون سبباً في نفع الناس ..
وستصبح من خير الناس .. واختر لنفسك
© جميع الحقوق محفوظة، أقوال وخواطر، د.باسم خفاجي، فبراير ٢٠١٣م

أقوال .. وخواطر

ركز فيما تحب وتريد

« ركز كل عقلك وطاقتك فيما تريد، ولا تركز أبدا فيما لا تحب أو لا تريد .. فإن الحياة تعطينا دائما مما نركز فيه .. جيدا كان أو غير ذلك »

مجهول

علمونا ونحن صغار أن «اللي يخاف من العفريت يطلع له». وأتذكر عندما كنا أطفالاً نمشي وحدنا ليلاً ونبدأ في تخيل العفاريت .. لابد أن نسمع فجأة صوتاً أو حركة .. أو رعشة تؤكد لنا ظنوننا .. أن العفريت الذي نخشاه ونفكر فيه قد ظهر بحق .. بل ويتحرك!

انظر حولك .. من يركزون على الخير يجدونه، ويجدون منه الكثير .. ومن ينظرون دائماً إلى الحفر والعثرات .. يتعثرون. ركز على الخيرات .. تحط بك

إذا كان الله لا يضيع أجر من أحسن عملاً. فأكثر من أعمال الخير، وابحث دائماً عن الخير، واسع نحو الأفضل. ماذا تتوقع لحظتها من الله! إنه عند حسن ظنك سبحانه ولن تجد إلا الخير

كن إيجابياً .. فما خُلقت عبثاً. ركز فيما خلقك الله له .. وتأكد أن لك مكاناً تحت الشمس .. فاذهب واشغله، فما خلق هذا المكان إلا لك. لا تتوقع أن تهديك الحياة كل ما تريد منها. تحرك واقتنصه بيدك، فخير منك عمل واجتهد وعاش حياة الشقاء لكي يسعد في الدارين

ركز في النجاح .. وستحصل عليه .. ركز في الخير وستجمع منه .. ركز أن تكون سبباً في نفع الناس .. وستصبح من خير الناس .. واختر لنفسك

كن المؤلف الرئيس لكتابك ..
وصاحب الفعل في حياتك
© جميع الحقوق محفوظة، أقوال وخواطر، د.باسم خفاجي، فبراير ٢٠١٣م

أقوال .. وخواطر

اقرأ كتابك

« لابد أن تصبح المنتج والمخرج والممثل الأول، في تلك القصة التي تروى عن حياتك أنت »

واين داير

❦

إنها حياتك أنت .. أنت من سيكتب ذلك الكتاب الذي سيطلب منك أن تقرأه على مرأى ومسمع كل أهل الأرض يوماً .. «اقرأ كتابك .. كفى بنفسك اليوم عليك حسيباً»

احذر أن تكون من المشاهدين فقط .. وحياتك يكتبها لك آخرون .. كن أنت المؤلف الرئيس لكتابك .. وأنت صاحب الفعل في حياتك

اجتهد .. وأعجبتني عبارة لأوبرا وينفري تقول فيها: «إنَّ بَذلَك قصارى جهدك في هذه اللحظة يضعك في أفضل مكان في اللحظة القادمة». انظر إلى الأمام وستجد الفرص متعددة

احذر أن تتحول حياتك إلى ردود أفعال على ما يفعله الآخرون. إنها أثمن من ذلك

ولا يصل الناس إلى حديقة النجاح . كما قيل . دون أن يمروا بمحطات التعب والفشل واليأس، وصاحب الإرادة القوية لا يطيل الوقوف في هذه المحطات

ستنتهي الرحلة يوماً .. وأهم فصول الكتاب قد يكون الفصل الأخير. إن ما تكتبه اليوم في حياتك سيساهم في صياغة ذلك الفصل الأخير .. فاحرص أن يختم الكتاب بأفضل ما لديك

❦

تأملات حول الحياة والتغيير .. والأمل

كن مستعداً أن تتعامل مع عواصف أكبر وأكثر قسوة عندما تصعد سلم النجاح

© جميع الحقوق محفوظة، أقوال وخواطر، د.باسم خفاجي، فبراير ٢٠١٣م

أقوال .. وخواطر

عواصف الحياة!

« البحار الهادئة لا تصنع بحارة ماهرين »

مثل إفريقي

لا تحزن من مصاعب الحياة فلولاها ما تعلمت الكثير .. ولولاها ما عرفت من نفسك وعنها ما تعرف اليوم من خير ومزايا وجميل الصفات

المصاعب أيضاً فرص للنمو والتقدم والنجاح .. فلو تساوى الناس في التعامل مع المصاعب لما كان التنافس وبذل الجهد قيمة يسعى لها الناجحون

يكون الهدوء في الحياة عادةً مرحلة مؤقتة بين العواصف .. فلتستفد منها في التعلم، وتقوية الذات، وجمع أدوات النجاح .. لأن العاصفة التالية عادة ستكون أكبر مما سبقها .. كن مستعداً لأن تتعامل مع عواصف أكبر، وأكثر قسوة وأسرع عندما تصعد في سلم النجاح

المهارات التي لا تُستخدم تتبلد .. كالمعدن الذي يصدأ .. أو كالعضلات التي تضمر، لأننا لم نستخدمها بدرجة كافية لنحافظ على لياقتها. احمد الله على عواصف الدهر .. فلولاها لخسرت الكثير من المهارات التي تنعم بها في أوقات الهدوء .. بين العواصف

تعلم أن ترضى بكل حال .. وتحيا حياة طيبة مع العواصف ومع فترات بحار الدنيا الهادئة .. المزج بينهما ووجودهما معاً يسمى عند الحكماء .. الحياة .. ألم يُخلق الإنسان في كبد!

التخطيط
مهم ولكنه
ليس الحياة.
ماذا فعلت
بخطط الأمس؟ هل
حققتها .. أم أنك
تستبدلها بخطط
معدلة مطورة كل
يوم .. ولم تنفذ شيئاً
© جميع الحقوق محفوظة، أقوال وخواطر، د.باسم خفاجي، فبراير ٢٠١٣م

أقوال .. وخواطر

أنت .. والآن

« الحياة .. هي كل ما يحدث، وأنت مشغول بإعداد الخطط الأخرى »

جون لينون

لا تجعل حياتك تمريناً للتفكير .. عشها من فضلك

الآن هو الحقيقة .. الحاضر هو الحياة .. لا تدع الحاضر يتفلت منك وأنت مشغول بخطط الغد

لا شك أن التخطيط مهم .. ولكنه ليس الحياة .. ماذا فعلت بخطط الأمس .. هل حققتها اليوم .. أم أنك تستبدلها بخطط معدّلة مطورة اليوم .. ولم تنفذ من خططك شيئاً

كان الصالحون من قبلنا يتعلمون عشر آيات .. ثم يفهمونها .. ثم يعيشونها .. قبل تعلم المزيد .. هل أنت ممن يريد أن يحفظ ثم يحفظ ثم يحفظ .. ثم يريد أن يحفظ المزيد .. وماذا عن التطبيق!

الحياة .. هي ابتسامة رضى الآن .. كلمة حلوة لحبيب .. عطف على مسكين .. جهد لتكون الأفضل فيما تجيد .. فكرة تشارك بها الآخرين .. كف أذى عن الناس .. أن تضيء شموع الخير .. ولا بأس عندها .. وبعدها .. أن ترفض الظلام

الحياة سلسلة متتالية من لحظات الحاضر .. فاجعل كل لحظة تحياها لحظة خير يُضاف إلى موازين الختام. لا تستهتر بـ «الآن» .. فإنه أنت!

اخلع كارهيك من حياتك حتى إن أظهروا لك القرب ..
هدفهم أن يقتلوا فيك النجاح إن استطاعوا .. فاخلعهم!

أقوال .. وخواطر

اخلعهم من حياتك

« كارهوك هم من ينشرون أخطاءك على الملأ .. ويهمسون بنجاحاتك »

مجهول

❊

هناك فئة ممن حولك يسارعون بنشر مشكلاتك .. يتلذذون بذلك .. وأحياناً يخفون التلذذ بطبقة من النصائح والحكم. ولكنهم يفرحون عندما تتعثر

هناك من يفسرون كل فشل على أنه نقص بك، وكل نجاح على أنه أمر طارئ حدث لك. انظر إلى وجوههم عندما تقال فيك كلمة طيبة، فإن رأيت وجوهاً بلا مشاعر فاعلم أنهم كارهوك

هناك طريقة واحدة لكي ترتاح من هؤلاء .. أخرجهم تماماً خارج حياتك وخارج دائرة التأثير المحيطة بك. لا تكن متردداً

عندما يصل التسوس في أحد الضروس إلى العصب .. فإما أن تنزع عصب الألم من الضرس ليستمر ككيان ميت في جسدك .. أو أن تخلعه وتحيا بدونه، حتى لو ترك فراغاً بفقده. ليس هناك قيمة لاستمرار الألم .. فسوف تصل إلى أي من الخيارين سريعاً، لأن الألم سيزيد

نصيحتي في التعامل مع من يكرهونك وهم في دائرة حياتك: اخلعهم منها .. مهما كان ألم اللحظة قاسياً. فألم ساعة ولا ألم كل ساعة، لن يتركوك في حالك حتى لو تحولت إلى جثة هامدة. الكره عند هؤلاء ليس هواية .. إنه احتراف ومنهج حياة. اخلعهم من حياتك وإن كانوا يظهرون لك القرب ليقتلوا فيك النجاح .. اخلعهم!

❊

تأملات حول الحياة والتغيير .. والأمل

يا أيها المحبون: رفقاً بمن تحبون.
لا تحطموا من تريدون منهم الكثير

© جميع الحقوق محفوظة، أقوال وخواطر، د. باسم خفاجي، فبراير ٢٠١٣م

أقوال .. وخواطر

تعب من .. الناس!

« سئلت السيدة عائشة رضي الله عنها عن أن النبي صلى في آخر عمره قاعدا .. صلوات ربي وسلامه عليه .. فقالت: نعم بعدما (حطمه الناسُ) »

عائشة بنت أبي بكر رضي الله عنهما

ما أبلغها من كلمة! .. «حطمه الناس» .. والتشكيل بفتح الطاء وليس بتشديدها مهم. كيف يمكن لمن حولك أن يكثروا من الإثقال عليك حتى تكاد تتحطم تحت وقع طلباتهم ولومهم المستمر، أنك لا تفعل لهم ما يكفي.. رغم أن الإنسان قد يكون باذلاً لأقصى ما يستطيع!

بعض المحبين يستخدم العتاب المستمر وسيلةً كي يُشعر كل من حوله أنهم دائماً مدينون له بالاعتذار. يحملهم دائماً شعوراً مستمراً بالذنب بسبب أخطاء ما. تذكر «حطمه الناس»

الناس عادة لا يحطمون . بفتح الطاء . من يكرهون، وإنما تبلغ قسوتهم أحيانا مداها مع من يحبون أن يشعروهم دائماً بالتقصير مهما كانت ظروفهم، ومهما كانت الحياة قاسية. يظن بعض المحبين أن من حقهم أن يتحملهم من يحبونه، بصرف النظر عما يفعلون، أو عما يمر به من ظروف. في المقابل يستكثرون على أنفسهم أن يتحملوه رغم أنهم يقولون إنهم من المحبين

حقاً من الحب ما قتل! يا أيها المحبون: رفقاً بمن تحبون. لا تحطموا من تريدون منهم الكثير. رحم الله عائشة فقد كانت ذات بلاغة ندر تكرارها .. وما أعجب وصفها «حَطَمَهُ النَّاسُ»!

أيامنا تشكل بمجموعها أعمارنا .. وأعمالنا
خلالها تحدد نوع الذكرى التي سنترك
© جميع الحقوق محفوظة، أقوال وخواطر، د.باسم خفاجي، فبراير ٢٠١٣م

أقوال .. وخواطر

حياتك غالية

« سؤال: كيف ننفق أيامنا .. هو بالتأكيد كيف ننفق أعمارنا »

آني ديلارد

❦

تأمل كيف تنفق يومك .. وما نوع القضايا التي تشغلك .. وما أهم أولويات حياتك في هذه اللحظة؟ مجموع هذه الأمور هو "أنت"

بقدر ما تنفق من الوقت والجهد حول تلك الأولويات والقضايا، بقدر ما تحقق فيها النجاح بحول الله ونعمته. لا تبخل بالجهد ولا بالوقت ولا بالفكر على أولويات حياتك.

وقد قيل: «إن الحدود تعيش فقط في عقولنا، ولكن إذا استخدمنا تخيلاتنا؛ فإن إمكانياتنا ستكون لا حدود لها». فاستخدم كل ما لديك من نعم وهي كثيرة

اجعل لحياتك معنى .. وانشغل بما ينفعك وينفع الناس .. فحياتك أغلى من أن تضيع أو أن تهدرها فيما لا ينفع .. وقيمة الأمم هي حاصل جمع قدرات أفرادها. فاجتهد لنفسك ولدينك ولوطنك

وقد قيل يوماً: « إن ما فعلناه من أجل أنفسنا فقط .. يموت بموتنا. أما ما فعلناه من أجل الآخرين والعالم كله، فإنه يبقى ولا يُنسَى » .. فاحرص أن تفعل ما يبقى

لا تحقر جهدك ولا عملك .. ولا كيف تنفق يومك .. فإنه يشكل حياتك. وأيامنا في النهاية تشكل بمجموعها أعمارنا .. وأعمالنا خلالها تحدد نوع الذكرى التي سنترك

❦

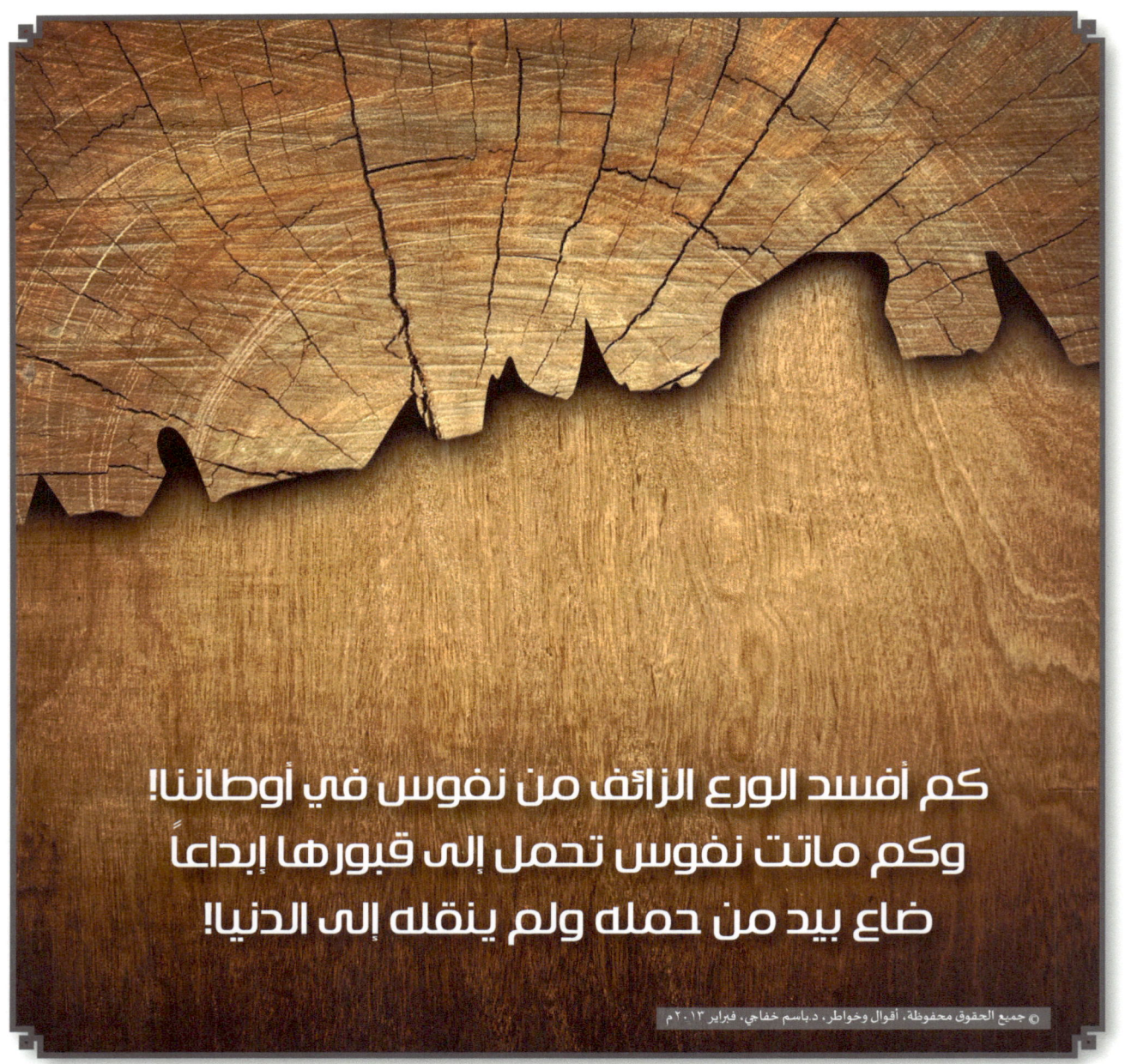

كم أفسد الورع الزائف من نفوس في أوطاننا!
وكم ماتت نفوس تحمل إلى قبورها إبداعاً
ضاع بيد من حمله ولم ينقله إلى الدنيا!
© جميع الحقوق محفوظة، أقوال وخواطر، د.باسم خفاجي، فبراير ٢٠١٣م

أقوال .. وخواطر

لا تظلم نفسك

« من جهل قدر نفسه .. جهل كل قدر »

مثل عربي

لا تظلم نفسك .. فكم أفسد ذلك الورع الزائف من نفوس في أوطاننا! وكم ماتت نفوس تحمل إلى قبورها إبداعاً ضاعَ بيد من حمله ولم ينقله إلى الدنيا!

التواضع قيمة جميلة، ولكن ظلم النفس من أجل التواضع جريمة. فكما أننا لا نظلم الآخرين فلا يصح أن نظلم أنفسنا ونغمطها حقها، ظناً منا أن هذا من التقوى.

الحياة ليست كلها أيام تميز وتفوق، فلا تظلم نفسك. والكبوات في الطريق تجعلك أقوى وتعلمك الدروس الأغلى. وتذكر وأنتَ على طريق النجاح، أن الفشل ليس إلا منعطفاً جانبياً في مسيرتك ما دمت حريصاً على محاسبة النفس وتصحيح المسار دوماً

حاسب نفسك وكن قاسيا .. لا بأس .. ولكن لا تكن ظالماً, يقول واين داير: « تعلَّمْ أن تقدِّر قيمة نفسك ومكانتك وما تمتلكه من قدرات». وهذا سيعينك أن تقدر قدرات من حولك أيضاً.

اكتب كتابك بيديك وبعملك ... واحرص على أن تكتب أفضل كتاب تستطيع .. ولا تنقص من قدر نفسك

تأمل: إن لم تكن
تسعد بما لديك الآن
.. فكيف ستسعد بما
ستحصل عليه غداً
.. هو أيضاً سيصبح
بين يديك .. وأنت لا
تسعد بما لديك!
فاسعد بما عندك
© جميع الحقوق محفوظة، أقوال وخواطر، د.باسم خفاجي، فبراير ٢٠١٣م

انتبه لما لديك!

« كل منا يريد من الحياة أكثر، ولكن السعادة تبدأ عندما نقدر ما لدينا بالفعل »

مجهول

سؤال: إن لم تكن تسعد بما لديك الآن .. فكيف ستسعد بما ستحصل عليه غداً .. هو أيضاً سيصبح بين يديك .. وأنت لا تسعد بما لديك. أرأيت كيف أنك يمكن أن تعيش في سراب انتظار سعادة تتبخر بمجرد حصولك على ما انتظرت! لأنك لا تسعد بما لديك! المشكلة عندك!

لا تجعل الرضى مرتبطاً بما ليس عندك أو بما تتمناه.. ابدأ الآن في الرضى والحياة السعيدة بما هو متاح لك الآن .. وهو كثير .. فقط انظر حولك

لا مانع من أن تسعى للمزيد، وكلنا يفعل .. ولكن ما المانع أن تسعد أيضاً بما لديك وما هو متاح في عالمك اليوم! السعادة ليست فقط في الاقتناء .. وإنما فيما نفعله بما نقتني .. وكيف نحوله إلى سبب للرضى

انظر حولك وستجد دائماً من هم أقل منك .. يحلمون بما لديك ليكونوا سعداء .. يغارون مما عندك .. يتمنون لو أن لهم مثله .. وأنت لا تقدّر هذا، وقد لا ترى قيمته أو تسعد به .. قد يكون صحة .. أو أسرة .. أو منصباً .. أو مكانة .. أو راحة بال .. أو .. أو .. أو .. هناك الكثير لديك

انظر عندما يقترب منك متسول يسألك القليل .. لتعرف ما لديك .. انظر إلى من ابتلاه الله بإعاقة ما .. وحماك منها .. لتحمد الله وتسعد بما لديك

أغمض عينيك .. وحاول أن تقف وتصل إلى باب غرفتك .. وأن تتناول كوب الشاي .. وأن تجد حذاءك ..

تأملات حول الحياة والتغيير .. والأمل

السعادة لا تأتي من الحصول على ما ليس لدينا، ولكن من تقدير الآخرين لنا على ما في أيدينا

© جميع الحقوق محفوظة، أقوال وخواطر، د. باسم خفاجي، فبراير ٢٠١٣م

أقوال .. وخواطر

فقط نعمة البصر التي تمكنك من قراءة هذه الكلمات، تكفي لأن تكون سعيداً بقية الدهر. لا تتقاعس عن الحصول على المزيد .. ولكن احذر ألا تسعد بما لديك

لا تكن علاقتك بالرضى كصاحب الجيب المثقوب .. مهما وضع فيه من نعم .. تضيع لأنه لا يراعيها، ولا يبحث عنها بعد أن حصل عليها

انظر حولك كم من الأمور اقتنيت وكنت تريدها .. وبمجرد ما حصلت عليها .. زالت عنك رغبة الرضى بها .. وبدأت تبحث عن غيرها من النعم .. إن كنت كذلك .. فلن يرضيك شيء .. لأن جيب الرضى عندك مثقوب

عالج هذا الثقب قبل أن تتحول إلى مسار تمر به النعم عبرك، وإلى خارجك دون أن تتوقف عندك، ولا أن تستفد منها أو تسعد بها

تذكر أننا نميل إلى أن ننسى أن السعادة لا تأتي من الحصول على ما ليس لدينا، ولكن من تقدير الآخرين لنا على ما في أيدينا. ولدى كل منا الكثير .. فقط توقف وتأمل وتدبر

الحياة لم تكتمل لأحد .. فتذكر نعم الله عليك .. واسعد بها .. واسعد بسعيك للحصول على المزيد منها .. وارضى بما تحصل عليه.

عش حياة راضية .. ولا تسب الدهر أبداً .. فلولاه سيدي .. ما كنت هنا لتسعد!

تأملات حول الحياة والتغيير .. والأمل

لا تفرض على الآخرين تصديق حدسك .. ولا تباهي به .. استخدمه في هدوء لكي تتقدم في الحياة وتنافس على الأفضل

© جميع الحقوق محفوظة، أقوال وخواطر، د.باسم خفاجي، فبراير ٢٠١٣م

أقوال .. وخواطر

استمع .. لك!

« لا تجعل الضوضاء .. الناتجة عن آراء ومواقف الآخرين .. تغطي على الحدس .. الذي تتمتع به »

ستيف جوبز

كم منا يقول بعد أن يحدث أمر ما .. كنت أعرف أنه سيحدث .. وتوقعت هذا الشيء .. وقلبي حدثني بهذا. وإن سألته ماذا فعلت عندما توقعت هذا الشيء؟ يقول لك: « لا شيء »

أن يكون لديك حدس مميز .. أو حاسة سادسة قوية .. أو وعي كافٍ بما يحدث حولك يسمح لك أن ترى الشيء قبل حدوثه .. ليست ميزة إن تحولت فقط إلى سرد لعدد الأمور أو الأحداث التي توقعت حدوثها! صدق حدسك .. واستجب له تتحسن حياتك قطعاً.. فما وصلتك هذه الرسائل عبثاً

من المهم لمن يريد النجاح أن يحسن التعامل مع الحدس والتوقع واستشراف المستقبل. لا يكفي أن تقول فيما بعد .. «كنت أعرف أن هذا سيحدث» .. إن كنت من أصحاب الحدس الصادق .. استجب له .. ضعه ضمن العوامل التي تؤثر في حياتك وتستخدمها لاتخاذ قراراتك

لا تفرض على الآخرين تصديق حدسك .. ولا تباهي به .. استخدمه في هدوء لكي تتقدم في الحياة وتنافس على الأفضل. والأهم من كل ذلك .. استمع له .. بهدوء ودون انفعال .. ودون مبالغة أيضاً

قصة حدثت لي منذ زمن مع صديق .. كنا نسير بالسيارة على أحد الطرق السريعة في العاصمة الأمريكية

تأملات حول الحياة والتغيير .. والأمل

واشنطن .. بالقرب من البنتاجون بعد أحداث سبتمبر مباشرة .. كنا نتجه لمطعم قريب من البنتاجون في سيارة واحدة معاً يومها .. انتابني شعور غير مريح حول المكان الذي سنذهب إليه .. فنحن عرب ومسلمون .. والمكان قريب من حادث ضخم .. فخرجت من الطريق وعدت من حيث أتيت

أخبرني صديقي لحظتها .. أنه يرى فارقا رئيسا بيننا .. وهو أنني أتصرف وفق الحدس .. بينما هو كان لديه نفس الحدس لحظتها .. ولكنه لا يستجيب له عادة

أدعو اليوم لهذا الصديق أن يفرج الله عنه حبسه .. ويرفع قدره .. فلم يستمع إلى حديث قلبه إليه .. ولكنها إرادة الله

استمع لحديث قلبك إليك .. لا تهمل أحاديث النفس .. لا تتجاهلها .. ولا تعتمد عليها بالكامل .. ولكن لا تهملها بالكامل أيضاً

الحدس والفراسة أمور تحدث عنها العلم والعلماء منذ قديم الزمان، فذكر بعض المفسرين أن الآية الكريمة « إنَّ فِي ذَٰلِكَ لَآيَاتٍ لِلْمُتَوَسِّمِينَ» تشير إلى الفراسة، وقد قيل أيضا : «اتقوا فراسة المؤمن فإنه ينظر بنور الله »

احذر أن تكون ممن يقولون كثيراً: «كنت أعرف أن هذا سيحدث» .. ولكنهم لا يستمعون لصوت الحدس .. وإنما يتحدثون فقط عنه

الجزء الثاني

عن التغيير

تأملات حول الحياة والتغيير .. والأمل

التغيير هو ذلك الأمر الوحيد الثابت والمتكرر الحدوث في هذه الحياة الدنيا

© جميع الحقوق محفوظة، أقوال وخواطر، د.باسم خفاجي، فبراير ٢٠١٣م

أقوال .. وخواطر

لا تكره التغيير!

« ماذا لو أخبرتك أن حياتك ستبقى كما هي تماماً بعد عشر سنوات دون أي تغيير؟ أشك أنك ستكون سعيدا إن حدث هذا! إذن لماذا هذا الخوف من التغيير؟ »

كريم سلمانسهن

التغيير هو ذلك الأمر الوحيد الثابت والمتكرر الحدوث في هذه الحياة الدنيا، وهكذا خلقها الله تعالى .. متغيرة دائماً

مقاومة التغيير .. فقط من أجل مقاومة التغيير .. هو أمر مرضي يتسبب في تأخر نمو وتطور الأشخاص والمجتمعات .. والدول أيضاً

لدينا فرصة رائعة في أوطاننا بعد الربيع العربي أن نتبنى نحن التغيير .. نحو الأصلح في كل شيء، فلماذا نقاوم ونتباطأ ونتراجع!

لا تخف من التغيير.. فربما تجد فيه الإجابة عما كنتَ تبحث عنه، كما قيل. وقد قرأت عبارة استوقفتني كثيرا، تقول: « إذا لم يَعُدْ في استطاعتنا أن نغيّر موقفاً ما، فالتحدي هنا هو أن نغيّر من أنفسنا ». تغيير النفس أو السعي نحو ذلك هو مقدمة لقبول التغيير حولنا

التغيير هي الكلمة المفصلية والأساسية لهذه المرحلة في أوطاننا .. فإن كنت ممن يقاومون التغيير فحاول أن تغير هذا الأمر .. وهذا بذاته هو بداية اعتناق التغيير لك .. وهو أن تغير مقاومتك أنت للتغيير

تأملات حول الحياة والتغيير .. والأمل

عندما تتجرأ على هذا العالم الذي يتحملك .. فإنك تؤذي الجميع. ستتحول يوما إلى ذرات تراب .. وأقصى أمانيك يومها ألا يدوس الناس بأقدامهم ما تبقى منك

أقوال .. وخواطر

العالم لا ينتظرك!

« العالم ليس مدينا لك بشيء .. لقد كان هنا قبل أن تأتي بزمن طويل »

مجهول

العالم لا ينتظرك لتحسن إليه .. أو لتجعله أفضل .. إنها حاجتك أنت للنجاح هي التي تجعلك تعمل في هذا العالم. لا تَمُنّ على العالم أنك فيه .. بل احمد الله أن أوجدك فيه

أحيانا أشعر أن البعض يتخيل أنه لولاه لما أصبحت الدنيا كما هي .. ولما أشرقت الشمس على البشر .. تعالى الله .. ولهؤلاء أقول: لو قضى الله تعالى أن تنتهي حياتك اليوم .. لن يفنى العالم

لا تنشغل بقيمتك للعالم .. وانشغل بقيمة هذا العالم لحياتك. انشغل كيف تستخدم وجودك المؤقت هنا لتنعم بوجود دائم في دار خير من هذه الدار

لا تظن أنك وحدك يمكنك أن تجني أكبر النجاحات .. أنت بحاجة إلى هذا العالم.

هناك مثل إفريقي جميل يقول: «إذا أردتَ أن تنطلق سريعًا، فانطلق بمفردك.. ولكن إذا أردتَ أن تذهب بعيدًا، فاذهب في صُحبة آخرين »

عندما تتجرأ على العالم الذي يتحمل وجودك .. فإنك تؤذي نفسك .. وتؤذي من حولك .. وستتحول سريعاً إلى بقية وذرات من تراب .. أفضل ما تتمنى من العالم يومها .. ألا يدوس الناس بأقدامهم ما تبقى منك

تأملات حول الحياة والتغيير .. والأمل

نقاط الماء المنهمرة باستمرار .. وبتكرار وصبر .. تفتت الصخر .. وأنت تفكر في عواقب التحرك فتتراكم على صدرك صخور الحياة.. تحرك من فضلك

© جميع الحقوق محفوظة، أقوال وخواطر، د.باسم خفاجي، فبراير ٢٠١٣م

أقوال .. وخواطر

تحرك .. واسبقهم!

« ليس مهما كم عدد الأخطاء التي ترتكبها .. أو كم أنت بطيء في التطور .. فأنت تسبق كل هؤلاء الذين لا يحاولون .. بمسافة كبيرة »

توني روبنز

لا يتعثر إلا السائر .. ولكننا ننسى أن السائر يتقدم ولو بخطى بطيئة عمن لا يسيرون .. ولا يتعثرون. كم نخشى في الحياة من عقبات التحرك .. ونغفل أن عدم الحركة موت بطيء

هل تمر الأيام .. وأحلامك «محلك سر» كما هي لم تتطور ولم تنفذ .. نقاط الماء البسيطة عندما تتحرك منهمرة باستمرار .. وبتكرار وصبر .. تفتت الصخر .. وأنت تفكر في عواقب التحرك فتتراكم على صدرك صخور الحياة.. تحرك من فضلك .. فالحياة تناديك نحو الأمام

حرّك أحلامك .. تتحول بحول الله إلى فرص، ثم إلى واقع تحياه .. فالله لا يضيع عمل عامل .. مهما صغر .. ولا يظلم ربك أحداً

انظر إلى الزمن وتعلم .. إنه يتحرك نحو الأمام دائماً .. لا توقفه يد بشر .. وما دام في الدنيا فرصة .. فهو يتحرك نحو الأمام .. تحرك كالزمن .. إلى الأمام دائماً .. في كل ظرف ومع كل عائق .. لا تتوقف أبداً كالزمان إلى أن تأتي ساعتك.

تأملات حول الحياة والتغيير .. والأمل

تحرك يتحرك لك الكون .. فهذه سنة الحياة .. ولو لم تتحرك فلن يسكن الكون .. ولكن الحياة ستتحرك مبتعدة عنك

© جميع الحقوق محفوظة، أقوال وخواطر، د. باسم خفاجي، فبراير ٢٠١٣م

أقوال .. وخواطر

تذكر وأنت تحسب تكاليف ومخاطر التحرك .. تذكر أنه ليس هناك مخاطرة أكبر من عدم المحاولة .. فما أوتيت هذا العلم، وهذا الجسم، وهذه القدرات لتفكر في سوء العواقب فقط .. بل لتعمل وتتحرك، وتحسن الظن فيمن خلقك

النجاح مرتبط بالنشاط والعمل، والناجحون تراهم دائمًا في حركة مستمرة. قد يرتكبون أخطاء، ولكنهم لا يهدأون. يقول إي هوبارد موصيًا بالحركة والنشاط: « إن العالم يتحرك بسرعة شديدة من حولنا، حتى إن مَنْ يقول: إنه لا يستطيع عمل شيء ما.. يجد في نفس اللحظة أن هناك مَنْ قام بعمل هذا الشيء بالفعل! »

كل شيء في الكون حولك يتحرك .. وبسرعة .. وباستمرار .. فعلى الأقل تحرك لتجاري هذا الكون الذي خُلقتَ فيه لتتناغم معه

وتقول مارثا جراهام: « إنه لا شيء أكثر إلهامًا للعقل مِن الحركة »، وصدقت، فالحركة تنقلك إلى عوالم التأثير في الواقع والآخرين

تحرك .. يتحرك لك الكون .. هذه هي سنة الحياة .. ولو لم تتحرك .. فلن يسكن الكون .. ولكن الحياة ستتحرك مبتعدة عنك .. فالثابت في هذا الكون .. هو الحركة

تحرك تتقدم .. وتسبق غيرك .. وتهنأ بحياة ملؤها النشاط والحيوية.

تحرك .. يتحرك لك الكون!

يبدأ التغيير من علاج النفس، وليس علاج الواقع .. أو
علاج الآخر! فابدأ بنفسك وواجهها
© جميع الحقوق محفوظة، أقوال وخواطر، د.باسم خفاجي، فبراير ٢٠١٣م

أقوال .. وخواطر

التغيير

« ليس في الإمكان أن نغير كل ما نواجهه من أحداث .. ولكن لا يمكن تغيير أي حدث في الحياة دون أن نواجهه »

جايمس بالدوين

❧

قديماً علمونا أن «القدر يُدفَعُ بالقدر» وأن الله تعالى لا يضيع عمل عامل، وأن المصاعب فرص عندما نقرر التغيير. أحياناً لا نريد أن نتغير .. أو أن نغير واقعنا .. لأننا نخاف المواجهة

ألم ساعة ولا ألم كل ساعة. التغيير يحتاج إلى مواجهة ما نعاني منه، التغيير يحتاج إرادة وليس كسلاً أو أن تألف القلوب الهوان. فهذا شاعر يتحدث عن حال بلداننا التي تكره التغيير قائلاً:

قد أغمض القوم أجفاناً مقرّحة   على الهوان وإن كانوا ذوي عدد
شعبٌ تلذ له أسياف قاتله   حمراً، وتطربه ترنيمة الصفدِ

والتغيير يحتاج إلى الصبر، وقد قرأت يوما « أن الوردة تحتاج وقتاً كي تتفتح، والشمس تحتاج وقتاً لتشرق، والحياة تحتاج وقتاً لتتغير. فكن صبورًا». تذكر أن الأشياء لا تتغير من ذاتها، وإنما نحن الذين نغيرها، فبدون أن نعمل نحن ليتغير واقعنا .. فكيف له أن يتغير؟

التغيير لا يحتاج فقط إلى مواجهة الظلم أو الغير. إنه يحتاج إلى مواجهة النفس .. فهي مفتاح التغيير. قال الخالق جل وعلا يؤكد هذا: «إن الله لا يغير ما بقوم حتى يغيروا ما بأنفسهم». يبدأ التغيير من علاج النفس، وليس علاج الواقع، أو علاج الآخر! فابدأ بنفسك وواجهها

❧

عندما تصعد
في سلم
الحياة .. هناك
دائماً قدم
معلقة هي
التي تنقلك
إلى الأعلى
© جميع الحقوق محفوظة، أقوال وخواطر، د.باسم خفاجي، فبراير ٢٠١٣م

أقوال .. وخواطر

اصعد .. ولا تخف

« عندما تصعد في سلم الحياة، هناك دائماً قدمٍ معلقة هي التي تنقلك إلى الأعلى »

د. باسم خفاجي

الصعود في الحياة كحال الصاعد على السلم .. دائماً أحد أقدامه معلقة في الهواء .. تنتقل به لأعلى .. نعم قد يختل الاتزان قليلاً .. ونحن نصعد .. ولكنها ضريبة الصعود. الصعود مرهق للجسد والقلب والعضلات وهو كذلك يحتاج إلى همة عالية

كن حذراً وأنت تصعد .. فلن يفيدك أن تدفع من حولك .. لكي تصعد. الطريق إلى أعلى شاق طويل .. وإن دفعت غيرك ليسقط .. سيقابلك. وأنت في الطريق إلى أعلى . من الأشخاص من يدفعك أنت أيضاً لتسقط. إنها الحياة .. فكما تدين تدان

في الحياة لا توجد مصاعد آمنة للمستقبل إلا نادراً. لا يمكنك أن تبني حياتك على فكرة المصعد. عند المصاعد يقف الآلاف تكاسلاً من الصعود على السلم. ولو انتظرت فقد لا تصعد أبداً .. وسيفوتك بالتأكيد بعض من صحة القلب والجسد والعقل عندما تستخدم السلم

كن خفيفاً فيما تحمل معك وأنت تصعد. لا تتعلق بالدنيا ومتاعها وأنت تصعد .. فكلما حملت من متاعها أكثر .. كلما كان الصعود أشد مشقة وقسوة. وما تحمله معك من الطبقات الدنيا .. لا يستخدمه من يقطنون في الأدوار العلى لا تخف من الصعود فمن أجله خُلقت. لا تخش من مشقة السلم .. فقد أعطيت ما يكفي لتصعد, احذر ممن يجلسون أسفل السلم ليثبطوك, يكفي أن أعينهم دائماً متعلقة بمن هم أعلى!

لا تحدثني عما تريد أن تصبح غداً ..
إن كنت لا تعمل من أجله اليوم
© جميع الحقوق محفوظة، أقوال وخواطر، د.باسم خفاجي، فبراير ٢٠١٣م

أقوال .. وخواطر

العمل والنجاح

« اليوم .. سأفعل ما لا يفعله الآخرون .. حتى أحقق غداً ما يعجز عنه الآخرون »

جيري رايس

اليوم أهم كثيراً من الغد. هل تهتم باليوم أكثر أم بالغد؟ ماذا تفعل اليوم؟ لا تحدثني عما تريد أن تصبح غداً .. إن كنت لا تعمل من أجله اليوم

كم من الناس يحدثك عن أحلام الغد وكأنه متيقن منها .. فإذا نظرت إلى عمله اليوم وجدت كسولاً عالة على الغير .. ينتظر أن تُسقط السماء له ذهباً

ألا نتذكر الآية الكريمة «وقل اعملوا فسيرى الله عملكم ورسوله والمؤمنون» .. إن أردت أن تكون أفضل من غيرك في الدنيا وفي الآخرة .. تقدم على غيرك بجهدك وعملك اليوم .. السباق ليس عمن يحلم أكثر .. أو يتكلم أكثر .. السباق عمن يُوفق أكثر .. وأحد مفاتيح التوفيق هو العمل والاجتهاد والجد

العمل وحده لا يكفي .. وهذا فارق بيننا وبين كثير من الأمم عندما نختار التقدم. لحظتها سنبحث عن البركة، وعن التوفيق، وعن الطاعة، والمتابِعة، والإخلاص .. وكلها كلمات إيجابية لا تتحمل الركون والدعة والسكون والكسل

في بلادنا يقولون: «الحركة بركة» .. تحرك .. اعمل .. تختر عندها من ستكون غدا. فمن ستكون أنت غدا .. يتقرر اليوم بما تفعل .. ليس فقط بكيف تحلم!

تأملات حول الحياة والتغيير .. والأمل

في طريق النجاح لا تهمل القيمة السلبية لبعض الأمور الصغيرة التي لا تعالجها بطريق صحيح

© جميع الحقوق محفوظة، أقوال وخواطر، د.باسم خفاجي، فبراير ٢٠١٣م

أقوال .. وخواطر

لا تهمل صغار الأشياء!

« إذا كنت لا تعتقد أن الأشياء الصغيرة يمكن أن تؤدي الى أمور كبيرة .. حاول أن تقضي ليلة كاملة وحدك مع ناموسة »

مجهول

عندما نهمل أموراً صغيرة دون علاج .. فإن ما يمكن أن تسببه هذه الأمور الصغيرة من أرق قد يتجاوز حجمها بكثير

أليست النار من مستصغر الشرر؟ في طريق النجاح لا تهمل القيمة السلبية لبعض الأمور الصغيرة التي لا تعالجها بطريق صحيح. قد تكبر فجأة في الوقت غير المناسب، فاحذر منها

بالمقابل يمكنك أن تستفيد أيضاً من الأشياء الصغيرة الإيجابية، فأثرها أيضاً كبير. كلمة جميلة .. هدية بسيطة .. نظرة رضى وتقدير

لا تهمل قوة تلك الأشياء الصغيرة. إن ما يميز الناجحين هو إسرافهم (!) في الإيجابيات الصغيرة. لا تهملها أبداً فمجموعها يصنع النجاح

انتبه للأشخاص الذين يصرون على ملء يومك بالصغائر .. أبعدهم عن حياتك بقدر ما تستطيع، فهم محترفون في قتل وقتك بصغائرهم

تأملات حول الحياة والتغيير .. والأمل

ناموسة واحدة قادرة أن تحول أمسية إلى كابوس .. وكذلك إنسان مزعج واحد يمكن أن يحول حياة هانئة إلى أرق وقلق وضيق

© جميع الحقوق محفوظة، أقوال وخواطر، د. باسم خفاجي، فبراير ٢٠١٣م

هذه الصغائر كناموسة في غرفة النجاح .. لا تسمح لصغار الناس بملء اليوم بإزعاجات كالناموس .. وإنما امنع الناموس من الدخول إلى وقتك وحياتك، ابدأ بإبعاد مثل هؤلاء الذين يحملون المنغصات من حياتك ومن وقتك

الحياة تراكم لحظات قصيرة .. ومواقف صغيرة .. وأشياء بسيطة .. احرص أن يكون مجملها إيجابياً .. تعش راضياً وسعيداً

الأمور الصغيرة ليست دائماً منغصات .. فالرجل الذي يكسِّر الجبال... بدأ بتكسير الحجارة الصغيرة أولاً كما يقولون

يقول السياسي الأمريكي كولن باول عن التعلم من الأمور الصغيرة: «إذا كنتَ ستحقق امتيازًا في أعمال كبيرة، فيمكنك جعل هذا الأمر عادة لك، حتى في إنجاز الأعمال الصغيرة»

لا تهمل الأشياء الصغيرة لا سلباً ولا إيجاباً، وتأمل حديث خير الخلق عندما يذكرنا بحصائد الألسن .. فكلمة لا تلقي لها بالاً يمكن أن تؤثر على نهاية رحلتك .. فانتبه للأشياء الصغيرة فما أخطرها في عالمنا اليوم!

ناموسة واحدة قادرة أن تحول أمسية إلى كابوس .. وكذلك إنسان مزعج واحد يمكن أن يحول حياة هانئة إلى أرق وقلق وضيق .. لا تجعل أمثال هؤلاء حولك، كي تنعم بأيام أهدأ .. وتذكر أن ترضي الله .. يكفيك تلك المنغصات

قل: الحمد لله .. فهناك من الكلمات الخفيفة على اللسان ما يثقل الميزان .. وهي أيضاً من الإيجابيات الصغيرة ذات الأثر الكبير

كن مختلفاً في
زاوية النظر .. كن
أنت صاحب رأيك ..
لا تعط عقلك لأحد
أبداً
© جميع الحقوق محفوظة. أقوال وخواطر. د.باسم خفاجي. فبراير ٢٠١٣م

كن مختلفا ..

« الاحتمالات المتاحة لا حد لها، ولكنها تبدأ عندما تقرر بعزم أن تفكر بشكل مختلف »

كريس جويلبوو

لا تفكر دائماً كما يفكر الآخرون .. فكر من الناحية الأخرى .. إن كان الجميع يفكرون فيما هو ممكن .. فكر كيف تحقق ما يظنه الآخرون غير ممكن. فقط جرب أن تفكر .. سيفتح لك الكون أبواباً وأبواباً من المعرفة .. لأنك طرقت الباب .. واخترت أن تكون مختلفاً

إن سأل الناس بطريقة واحدة .. اسأل بطريقة مختلفة .. كان حذيفة رضي الله عنه يرى كل الناس يسألون النبي ـ صلوات ربي وسلامه عليه ـ عن الخير .. واختار حذيفة الطريق الآخر .. كان يسأل عن الشر، مخافة أن يقع فيه .. أمر لافت للنظر .. النتيجة: مع الوقت اختصه النبي بأسماء المنافقين، ولم يعرفها غيره .. لأنه مختلف، رضي الله عن الصحابة أجمعين

كن مختلفاً في زاوية النظر .. تأمل الأمور من كل ناحية .. لا تأخذ ما يقوله من حولك كأنه مسلّم به .. تقبله وفكر فيه، واحترم رأي غيرك .. ولكن كن أنت صاحب رأيك .. لا تعط عقلك لأحد أبداً

كم من الابتكارات والأفكار الناجحة والمبدعة تبدو سهلة اليوم وفطرية أيضاً .. ولكن يوماً ما فكر أحد أن يكون مختلفاً .. فكر أحد في فكرة بسيطة .. ولكنها غيرت حياتنا كلنا إلى الأبد .. وهاك أمثلة:

مشينا على أقدامنا طويلاً إلى أن قرر أحد الناس أن يخترع العجلة .. وخرجت منها كل وسائل المواصلات

تأملات حول الحياة والتغيير .. والأمل

لم يخلق الله تعالى سواك من يمكن أن نصفه بكلمة .. أنت! كن كما خلقك الله .. مختلفاً

© جميع الحقوق محفوظة، أقوال وخواطر، د. باسم خفاجي، فبراير ٢٠١٣م

أقوال .. وخواطر

اليوم .. واستطعنا أن نعمر الكون كله .. بابتكار عجلة!

حتى الطائرة لا تنطلق دون عجلة .. والقطار والسيارة وحتى الكريشنا والتوك توك .. احتاجت إلى العجلة .. تخيل هذا العالم من حولك دون عجلات .. لتعرف قيمة فكرة!

قرر أحد الناس أن يخترع شيئاً لا وجود له فيما نرى .. شيء أسماه يومها «الكهرباء» .. أنارت لنا الدنيا .. كل هذه الأجهزة حولنا هي نتاج استخدام فكرة مختلفة .. تخيل العالم بدون كهرباء! .. انظر حولك ما تديره لك الكهرباء اليوم

عد بخيالك مائة وعشرين عاماً فقط .. يومها أصر إنسان واحد .. اسمه توماس إديسون .. أن يكون مختلفاً. قالت عنه مدرّسته: إنه طالب فاشل ومعاق ذهنياً .. ترك المدرسة. وكان مختلفاً!

كن مختلفاً وابتكر وفكر أن الإنسانية تتقدم عندما نفكر بشكل مختلف .. وندفع الدنيا للأمام بالجديد والتجديد .. وأن يكون لحياتنا نحن معنى.

قد لا تخترع العجلة .. ولا الكهرباء .. ولكنك بالتأكيد يمكن أن تحيا حياة أجمل .. عندما تكون مختلفاً .. عندما تكون .. أنت!

لم يخلق الله تعالى سواك من يمكن أن نصفه بكلمة أنت! كن كما خلقك الله .. مختلفاً

تأملات حول الحياة والتغيير .. والأمل

قيمتنا لا تتحدد بما نواجهه من أحداث .. وإنما بموقفنا منها

كن قائدا

« قد لا نستطيع أن نوجّه الرياح .. ولكننا نملك أن نوجّه أشرعة قواربنا في الحياة »

كورا هانش

تعترضنا في الحياة أمور كثيرة لا نملك أن نغيرها .. ولكننا في الحقيقة نملك رد الفعل تجاهها. أحياناً يشغلنا الحدث عن موقفنا من الحدث. القائد يتفهم الحدث وينشغل بموقفه منه

قيمتنا لا تتحدد بما نواجهه من أحداث .. وإنما بموقفنا من تلك الأحداث. فنحن نملك أن نختار رد الفعل، وهذا في الحقيقة ما يحدد قيمتنا

عندما يدق جرس الهاتف .. لماذا نشعر بالحاجة أن ننظر من المتصل .. أو نسارع بالإجابة! إنه رد الفعل التلقائي .. ولكنه قد لا يكون رد الفعل الصحيح.

هل تستطيع أن تجرب عندما يدق جرس الهاتف أن لا تنظر إليه إلا عندما تنتهي مما تفعل .. وتراه مهماً .. ستقول قد يكون المتصل أهم .. ولكني أسألك .. أتنظر إلى الهاتف لأن المتصل قد يكون الأهم .. أم لأنه رد الفعل التلقائي لك؟

موقفنا مما يحدث حولنا هو خيار نملكه. فعندما يتصل بنا أحد .. هو اختار التوقيت .. وهو اختار الوسيلة .. وهو اختار الإلحاح أحياناً. رد الفعل .. هو فعلنا نحن .. ويجب أن نختاره دون أي ضغط .. ودون أي تأثر بالفعل نفسه.

تأملات حول الحياة والتغيير .. والأمل

اختر رد فعلك ..
حوله إلى فعل خاص بك .. كن قائداً في دروب الحياة

© جميع الحقوق محفوظة، أقوال وخواطر، د.باسم خفاجي، فبراير ٢٠١٣م

القائد يجعل من رد الفعل فعلاً خاصاً به .. وليس بالضرورة استجابة لما حدث

هناك خياران أساسيان في هذه الحياة.. إما أن تتقبل الأمور على ما هي عليه، وإما أن تتولى مسئولية تغييرها إلى الأفضل.

التحكم في رد الفعل يعطيك القدرة على رؤية الأمور والسعي نحو تغييرها .. وقد لا تُتاح لك دائماً فرصة أن تفكر لتختار رد فعلك

يروى أن عمر بن عبد العزيز .. كان يسير بالمسجد ليلاً .. فعثرت قدمه في قدم شخص نائم .. فنهض النائم غاضباً .. وقال لعمر .. رحمه الله: «أمجنون أنت؟» .. فرد عليه عمر قائلاً .. «لا» .. ومضى في طريقه. أراد الحارس أن ينبه الرجل أنه يخاطب أمير المؤمنين .. منعه عمر قائلاً: «سألني سؤالاً .. فأجبته»

اختار عمر ـ رحمه الله تعالى ـ أن ينظر إلى الكلمات على أنها سؤال .. وليست غضباً .. أجاب السؤال ومضى في طريقه دون توقف

القيادة ليست فقط في القدرة على الحسم والحزم وإظهار القوة .. وإنما أيضاً في القدرة على اختيار نوع المعارك وطريقة خوضها وأسلوب النجاح في تخطي عقبات الحياة

عندما يقع القائد أسيراً لرد الفعل التلقائي .. فإنه يخسر إمكانية التحكم الذاتي في الحدث .. وبالتالي يحرم نفسه من القدرة الكاملة على التأثير فيما يحدث حوله

اختر رد فعلك .. حوّله إلى فعل خاص بك .. وكن قائداً في دروب الحياة

الطرق السهلة
في الحياة تؤدي غالباً إلى
نتائج لا تستحق الحياة من أجلها
© جميع الحقوق محفوظة، أقوال وخواطر، د.باسم خفاجي، فبراير ٢٠١٣م

أقوال .. وخواطر

لا تسرق نفسك!

« نادراً ما يقودك الطريق السهل .. إلى المكان الذي من أجله خلقت »

مجهول

الطرق السهلة في الحياة تؤدي غالباً إلى نتائج لا تستحق الحياة من أجلها .. قد تستمتع بسهولة الطرق .. وتمضي الأيام لتكتشف لاحقاً أن الطريق السهل لم يكن الطريق الصحيح .. ألم نُخلق في كبد!

كم نسرق أنفسنا؟ هناك الكثير مما نفعله خلال اليوم مما لا يمكن أن يوصف بحق إلا أننا نسرق أنفسنا!

عندما تتحايل في يوم العمل ليمضي سريعاً دون أن تنجز .. سرقنا هذا اليوم ممن؟ أخبرك: لقد سرقته أنت من نفسك

أضعت ساعات من وقتك كان يمكن أن تتعلم فيها أكثر .. تتقدم فيها للأمام خطوة. أسألك: أضعتها في ماذا .. قراءة في صفحات الفيسبوك .. أحاديث مع زملاء .. تأملات في أحلام اليقظة؟

مضى اليوم .. لم يلحظ أحد أنك لم تنجز عملك، ضحكت على الجميع .. ولكنك سرقت الوقت من أهم شخص لك .. إنه أنت

يحدثني بعض المبتدئين في الحياة عن «العمل بذكاء» .. ويحدثني مجتهدون عن «العمل بجدٍ» .. يختار كل فريق الدفاع عن تصوره للعمل. النجاح مرتبط بأمرين مرتبطين معاً، إنهما: «العمل بذكاء .. وبجدٍ»

تأملات حول الحياة والتغيير .. والأمل

لا تخدع نفسك أن الاجتهاد وحده يعوضك عن التفكير بعمق وإعمال الذكاء، إلا إن كنت تريد فقط منافسة الكادحين

© جميع الحقوق محفوظة. أقوال وخواطر، د.باسم خفاجي، فبراير ٢٠١٣م

أقوال .. وخواطر

النجاح ينتظر منك الكثير قبل أن يعطيك ما لديه .. وأهم ذلك أن تنفق ساعات زيادة عمن حولك فيما تعمل من أجله .. وأن تعمل بذكاء أيضاً. أحدهما لا يغني عن الآخر إلا إذا أحببت أن تكون مجرد رقم في قائمة المواطنين أو الموظفين .. أو من عاشوا على الأرض!

لا تخدع نفسك أن العمل بذكاء يعوضك عن العمل لساعات، إلا إن كنت تريد منافسة العوام. ولا تخدع نفسك أن الاجتهاد وحده يعوضك عن التفكير وإعمال الذكاء، إلا إن كنت تريد فقط منافسة الكادحين

الناجح بحق .. يجتهد .. ويعمل بجد .. ويعملْ أكثر ممن حوله .. ويبذل جهده في التفكير والعمل بذكاء أيضاً

لن تنجح في الحياة أبداً إن كنت تعمل أقل عدد ممكن من الساعات .. وتتحايل لكي يبدو أنك منجز

كم أرى أناس هكذا .. ويعجبون بعد مرور سنوات من خداع الآخرين .. أن غيرهم قد تقدم عنهم.

المشكلة الحقيقية حينها ليست أنهم نجحوا في خداع الغير .. المشكلة أنهم يكتشفون لحظتها أنهم خدعوا أنفسهم .. وضاعت منهم أهم سنوات العمر!

اعمل بذكاء .. واجتهد أكثر من غيرك .. تنجح في الدارين .. وليس فقط في الدنيا

تأملات حول الحياة والتغيير .. والأمل

احذر أن تكون بطيئاً في هذا الزمان عندما يتعلق الأمر بأحلامك وأمانيك

© جميع الحقوق محفوظة، أقوال وخواطر، د. باسم خفاجي، فبراير ٢٠١٣م

أقوال .. وخواطر

لا تنتظر الكمال

« لا تجعل الحاجة إلى الكمال التام تصبح حجر عثرة أمام التقدم للأمام »

جيت نيتينج

❊

أحياناً نتوقف عن فعل أي شيء، لأننا نريد أن نفعل الأفضل. وأحياناً يكون فعل شيء قريب من الخير أفضل من عدم فعل شيء على الإطلاق

انظر إلى شركات البرمجيات الكبرى كميكروسوفت وآبل وجوجل وغيرها .. يخرجون لنا برنامجاً لا بأس به .. وندفع .. ثم يطورونه قليلاً .. وندفع .. ثم يجعلونه متميزاً .. وندفع .. ثم يجعلونه الأفضل .. وندفع أيضاً!

كم من الشركات في المقابل انتظرت لكي تفعل الأفضل .. فوجدت أن السوق قد حاز عليه من هو أقل .. ولكنه دخل وغامر وباع وطوّر! ونفس الأمر ينطبق علينا كأفراد

هذا ليس زمان أن الكبير يأكل الصغير .. هذا زمان أن السريع يأكل البطيء .. فاحذر أن تكون بطيئاً في هذا الزمان عندما يتعلق الأمر بأحلامك وأمانيك

الكمال التام غاية لا تُدرك .. لا تكن واهماً بفكرة الكمال التام .. لم يطلبه أحد منا .. والإتقان يختلف عن الكمال .. فعليك بالإتقان .. وسرعة التعامل مع الفرص والأحداث

كن متقناً في عملك .. واسع نحو الكمال وأنت تعمل .. لا وأنت تفكر فيه

❊

العقبات فرص ..
فاستقبلها بترحاب
وتأكد من تجاوزها

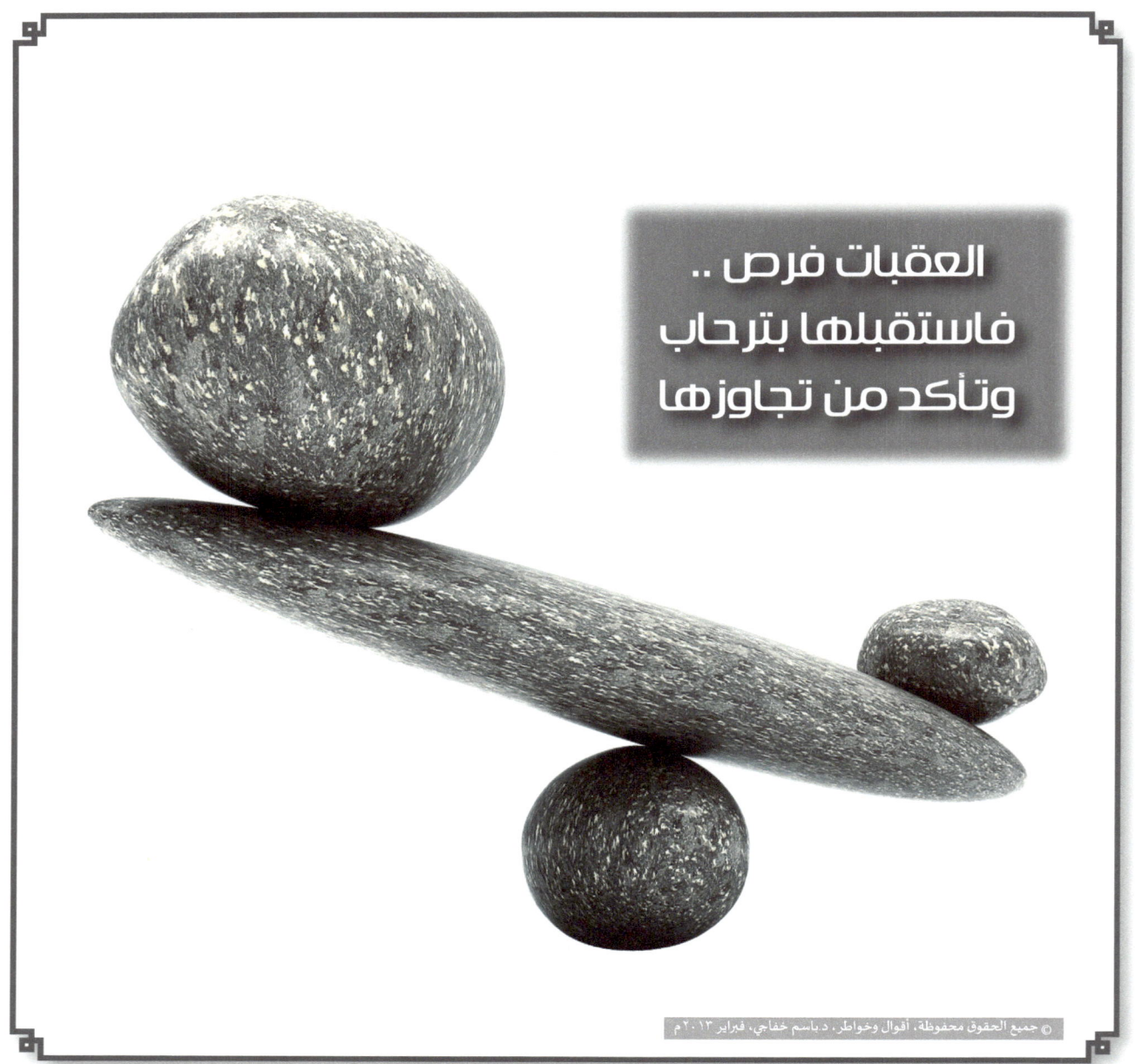

أقوال .. وخواطر

العقبات .. فرص!

« لا تنظر للأحجار التي تعترض طريقك على أنها عقبات.. فقد تكون هي نفسها تلك الأحجار التي تصطف لكي تصعد فوقها إلى القمة »

د. باسم خفاجي

كم منا يشتكي من المشكلات والعقبات التي تعترض حياته .. ولولاها لما تعلمنا ولما نضجنا ولما عرفنا حقيقة معادننا ومعادن من حولنا!

في كل عقبة تكمن فرصة .. وفي كل محنة .. منحة! ابحث عنها وستجدها .. الابتلاء نعمة .. فهو دلالة حب الخالق لعباده .. فلا تحزن عندما تُبتلى .. ولن تُمكّن إلا بعدما تُبتلى .. إن العقبات أحياناً هي علامات على صحة الطريق. أمعن النظر وستعرف

الامتحان وسيلة لتعرف قدراتك .. ولتصعد في الحياة إلى مراتب أعلى .. وكلما كان الامتحان أصعب .. كان الاجتياز ْجمل .. والمكانة التي تليه أرفع

لا بأس أن نكره الامتحانات .. ولكنها وسيلتنا الأساسية في الحصول على الشهادات .. وفي إتقان مهارات الحياة .. الامتحان هو الطريق الشرعي الوحيد للتقدم نحو الصفوف الأعلى

العقبات فرص .. فاستقبلها بترحاب وتأكد من تجاوزها .. فما وُجد داءٌ إلا جعل الله له دواء .. وليس هناك من عقبة إلا ولها حل .. ابحث فقط .. وستجده. وإن لم تجده .. عد لتتعلم .. واكسب المزيد من المهارات .. وستختفي تلك العقبة. تذكر أن العقبات كثيراً ما تكون.. نعماً!

تأملات حول الحياة والتغيير .. والأمل

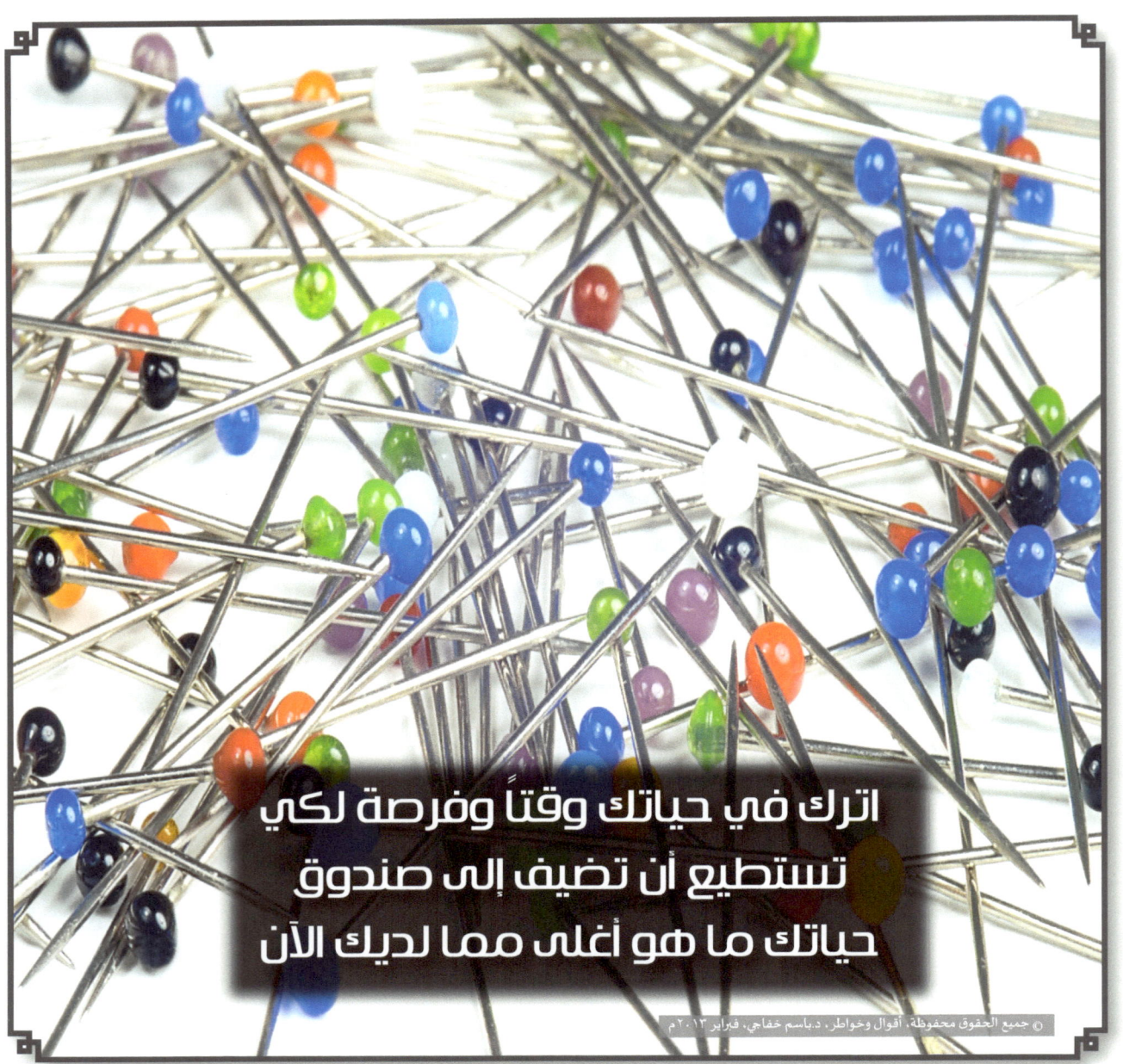

اترك في حياتك وقتاً وفرصة لكي تستطيع أن تضيف إلى صندوق حياتك ما هو أغلى مما لديك الآن

© جميع الحقوق محفوظة، أقوال وخواطر، د.باسم خفاجي، فبراير ٢٠١٣ م

أقوال .. وخواطر

اخسر .. تكسب!

« أحيانا نختار أن نفقد أشياء جيدة .. من أجل أن نتيح مساحة لأشياء عظيمة .. جيد هو العدو الأول .. لعظيم »

جيم كولينز

❦

حياتك كصندوق صغير تضع فيه أثمن ما تملك .. وعندما يمتلئ الصندوق لا تستطيع أن تضيف إليه جديداً مهما غلا إلا أن تتخلص من بعض ما عندك

لو كان صندوق حياتك مليئاً بأشياء جيدة . فليس فيه مكان لشيء عظيم لو أتيح لك الحصول عليه .. لذا احرص أن يكون لديك من الوقت ومن السعة ومن الرغبة .. ما يسمح لك باقتناص الفرص العظيمة عندما تتاح لك

لا تملأ حياتك دائماً ظناً أن هذه هي الكفاءة .. اترك في حياتك وقتاً وفرصة لكي تستطيع أن تضيف إلى صندوق حياتك ما هو أغلى مما لديك الآن

إن كان صندوق حياتك قد امتلأ .. ولم يعد لديك وقت أو مكان لأي جديد .. توقف. تخلص من بعض ما لديك، فقد يكون العدو الأول لأن تكون عظيماً .. أنك ارتضيت أن تكون فقط جيداً

اترك في صندوق حياتك مساحة فارغة .. اترك وقتاً متاحاً .. فليس أصعب على النفس من أن ترى فرصة نادرة التكرار .. ثم تتركها، لأن الوقت لا يكفي .. أو لأن صندوق الحياة الخاصة بنا قد امتلأ عن آخره بالأمور الجيدة .. فلم يعد فيه مكان لأمر عظيم .. أو للفرصة الكبرى

❦

الجزء الثالث
مع الأمل

تذكر أنك اليوم
تنشئ الغد من
ناحية .. وتصنع
ذكرياتك من
ناحية أخرى
© جميع الحقوق محفوظة، أقوال وخواطر، د.باسم خفاجي، فبراير ٢٠١٣م

أقوال .. وخواطر

بين الأحلام والذكريات

« لا تجعل ذكرياتك أكبر من أحلامك أبدا »

دوج إنفستر

الذكريات توثق للأمس .. والأحلام تمهد للغد .. فلا تجعل الأمس أكثر أهمية من الغد أبداً. واجتهد أن يكون الغد أجمل وأكثر تشويقاً من الأمس

لا تحيا في الذكريات .. وإنما اجعل حياتك اليوم مقدمة لتحقيق أحلام وآمال الغد. انتبه! كم تستخدم أفعال الماضي في أحاديثك .. وأكثر من أفعال الحاضر والمستقبل، يهتم لما تقوله الناس مهما كانت قيمة الذكريات .. فاللحظة الحالية هي الفرصة الأجمل .. فإنها هي مفتاح الحياة، وهي الواقع .. وهي فرصة تغيير الغد ليكون أجمل

تذكر أنك اليوم تمهد للغد من ناحية .. وتصنع ذكرياتك من ناحية أخرى .. فكل لحظة تمضيها ستتحول سريعاً إلى ذكرى. مجرد ملامستنا لأي لحظة .. فإنها تتحول إلى ماضٍ .. فاصنعها لتكون ذكرى جميلة.. فأنت من يصنع ماضيك

ونفس هذه اللحظة .. يمكن أن تكون لبنة بناء في أحلام المستقبل، فاحرص أن تبني منها حلماً تسعد به غداً .. وبه تصعد في سلم الحياة نحو الأعلى

الحاضر هو ذلك المصرف، الذي تنمي، ثم تحفظ، عبره تلك الذكريات التي ستراها في الغد .. وهو كذلك حاضنة أحلام المستقبل.. فلا تضيع حاضرك أبداً .. اجتهد فيه لتصنع ذكريات أفضل .. وغد أجمل

تأملات حول الحياة والتغيير .. والأمل

الذكريات هي فصول من حياتنا كُتبت .. ولكن النهاية لم تدون بعد .. ما دام القلب ينبض

© جميع الحقوق محفوظة، أقوال وخواطر، د.باسم خفاجي، فبراير ٢٠١٣م

الذكريات هي فصول من حياتنا كُتبت .. ولكن النهاية لم تدون بعد .. ما دام القلب ينبض .. وأحلامنا هي تلك الفصول التي يمكن أن نجعلها بالجهد. بعد توفيق الله. هي النهاية السعيدة لذلك الكتاب الذي يؤرخ لرحلة الحياة لكل منا

احرص أن تكون نهاية الكتاب نهاية سعيدة .. واجتهد أن تكون خاتمة الكتاب أفضل من أي فصل من الفصول التي كتبت

عندما تغمض عينيك .. وتبدأ في التجول في آفاق الحياة .. احرص على أن تمزج هذا التجوال ليجمع بين ذكريات الأمس لتتعلم وتتذكر .. وبين أحلام الغد لتخطط وتفكر، وتصلح ما يمكن أن تصلحه من أخطاء الأمس ..

لا تقع أسيراً للأمس .. ولا لأحلام الغد .. عد إلى اللحظة واستخدمها من أجل إصلاح ما مضى .. وبناء الغد .. فاللحظة الحالية هي الفرصة

الأحلام يمكن أن تكون علاجاً لبعض الذكريات المؤلمة .. ويمكن أن تكون دواء لأمراض الأمس .. لا تجعل أحلامك أصغر من ذكرياتك أبدا

احذر أن تكون حياتك
رمادية .. أو مواقفك
رمادية .. أو أفكارك
رمادية. أطلق لخيالك
العنان ليلون حياتك
للأفضل
© جميع الحقوق محفوظة، أقوال وخواطر، د.باسم خفاجي، فبراير ٢٠١٣م

لا تجعل حياتك رمادية!

« لون حياتك بالأقلام الملونة لخيالك »

جلوري إكسو

الحياة جميلة وملونة وليست أبيض وأسود فقط .. إنها طيف من كل الألوان الجميلة .. فلا تجعلها رمادية. لا تكتئب. واسمح لخيالك أن يجمّل حياتك بالجديد والمفيد وغير المألوف

زرت الصين عام ١٩٩٥م .. قبل الانفتاح والطفرة الاقتصادية لها. كان أكثر ما أزعجني بعد أيام من وجودي بها .. أن أغلب الناس يلبسون اللون الرمادي .. كل الناس .. كانت أيام الثورة الثقافية والمد الشيوعي. كان اللون الرمادي مزعجاً .. لأنه لون وسيط .. لون لا رائحة ولا روح له

احذر أن تكون حياتك رمادية .. أو مواقفك رمادية .. أو أفكارك رمادية. أطلق لخيالك العنان ليلون حياتك. لا تخف من التغيير ومن التجديد

جرب أن تنظر إلى ملابس الآخرين .. واختر ألواناً لم تلبسها من قبل وليست في خزانة ملابسك .. وجربها .. فقد تجد أنها أجمل عليك. وقد تجد أنها أفضل.

جرب في الطعام أن تأكل ما لم تتعود عليه. توقف في محل البقالة .. وانظر إلى شيء لم تشتره من قبل .. وجربه. أطلق لخيالك العنان ماذا تحب أن تكون غداً .. واحذر من الرمادية

ابحث عن المساحات الرمادية .. تلك المناطق التي لا
روح لها في حياتك .. وابدأ في التفكير كيف تلونها
© جميع الحقوق محفوظة، أقوال وخواطر، د.باسم خفاجي، فبراير ٢٠١٣م

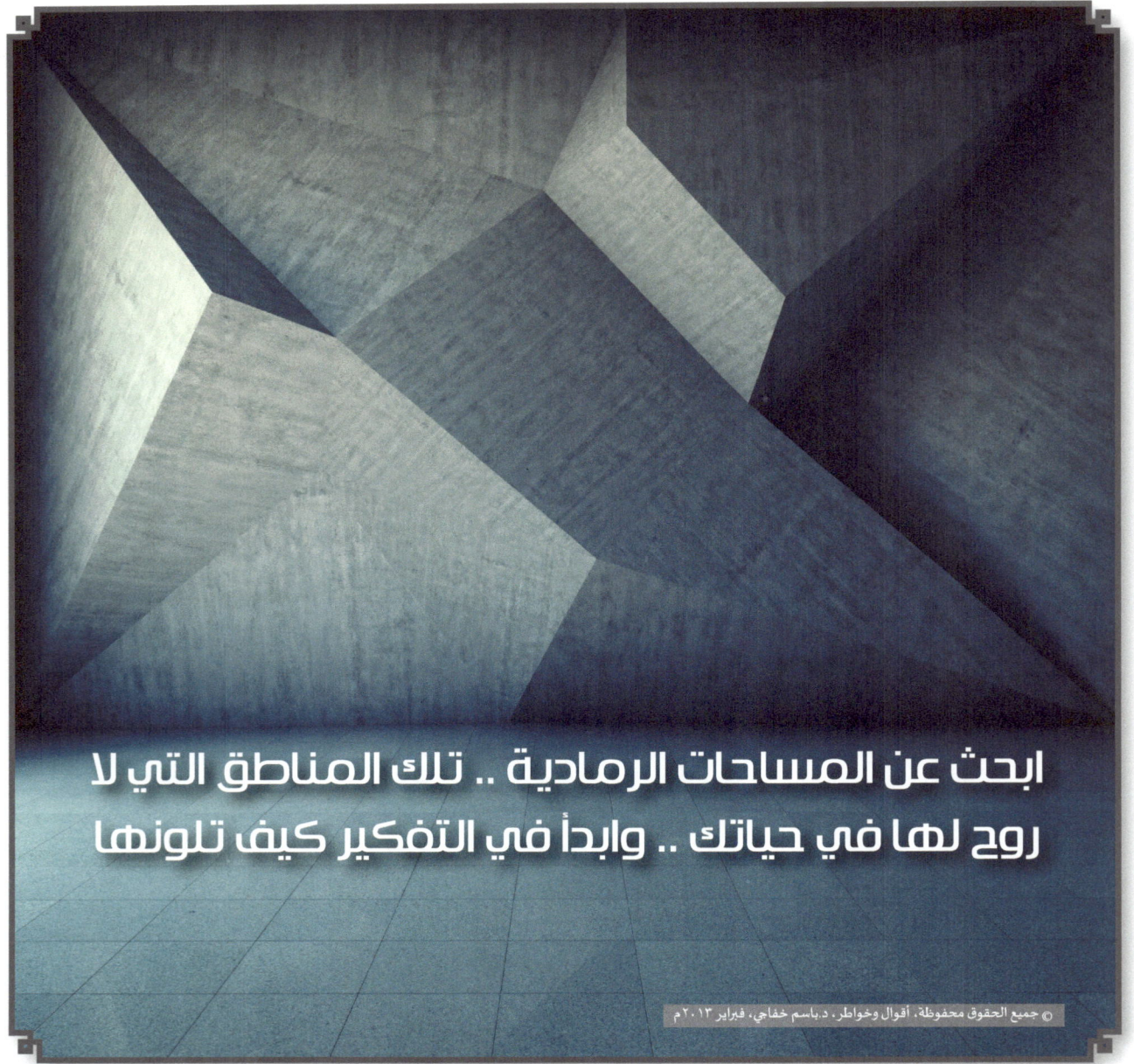

لا تخف من مواقف حادة أحياناً .. جربها ولا تخف .. لن يضرك أن تكون ذا لون .. ليس رمادياً. جرب ألا تمسك العصا من المنتصف .. وألا تكون كلماتك مرضية للكل

لا تكن كلماتك رمادية .. لا ترض بحياة رمادية

جرب أن تذهب إلى مكان جديد .. أن تفعل أمراً حلمت به طويلاً ولم تتجرأ حتى اليوم أن تفعله .. جرب أن تكون حياتك تجمع بين البهجة وبين الجد .. ولا تخش من الجديد .. فهو فرصة

اجعل لحياتك ألواناً .. أسعد من حولك بمفاجأة .. قل كلمة جميلة لطيفة لأحد لا يتوقعها منك .. لا تخف .. وخطط ألا تكون حياتك .. بدءا من اليوم .. رمادية

تجول في حياتك .. انظر في مرآة الماضي .. وانظر في واقعك اليوم .. ابحث عن المساحات الرمادية .. تلك المناطق التي لا روح لها في حياتك .. وابدأ في التفكير كيف تلونها. لا تتصنع ذلك .. بل قرر أن تجعل حياتك جميلة .. ملونة .. فهكذا خلق الله الدنيا لنا .. لنسعد

لن يكون هناك لون أسوأ من الرمادي في الحياة .. اجعل أيامك ملونة بألوان الحياة .. وتذكر أنك من تختار ألوان حياتك .. وطبيعة مستقبلك .. فأحسن اختيار ألوان المستقبل

كن
كالشمس
.. غب أحياناً
عمن تحب
يشتاقوا لك
أكثر وتشتاق
لهم أيضاً
© جميع الحقوق محفوظة، أقوال وخواطر، د.باسم خفاجي، فبراير ٢٠١٣م

الشمس مشرقة دائما

« كل غروب شمس .. هو شروق في مكان آخر .. الأمر يعتمد على أين تقف »

ماري كاي آش

❦

أنت من يحدد البهجة والرضى في حياتك .. إنها نظرتك أنت للحياة .. وليس بالضرورة ما يحدث لك أو حولك

انظر للشمس وهي تغيب .. كيف تجعلك في شوق متكرر لها كي تشرق مرة أخرى .. كن كالشمس .. غب أحياناً عمن تحب يشتاقوا لك أكثر وتشتاق لهم أيضاً.. ويتعرف الكل كيف تكون الحياة كئيبة دون الشمس

كن شمساً لمن تحب ولمن حولك .. وأشعرهم بقيمة الضياء والنور الذي يشع منك برحمة الله وفضله .. وكن مصدر دفء للجميع .. فالشمس تدفئ من تحب ومن لا تحب .. كن مثلها سبب خير لكل من حولك

ما أجمل أن ينتقل معك ضياء القلب أينما تحل! .. وأن يتطلع من حولك إلى عودتك كما ينتظرون شروق الشمس ليبدأ يومهم من جديد

لا تكتئب عندما تغيب الشمس .. بل خذ من الوقت لنفسك لتحمد الله أن جعلك ممن يرونها .. وأعطاك الأمل لتنتظر عودتها .. وأعطاك الهمة لتصحو قبل شروقها لتشكر من منحها للكون على نعمه .. الأمر دائماً يعتمد على .. كيف تفكر .. وأين تقف!

❦

كنوز الحياة
تبحث عن
المغامرين
.. وتأمن
لهم!
© جميع الحقوق محفوظة، أقوال وخواطر، د.باسم خفاجي، فبراير ٢٠١٣م

أقوال .. وخواطر

احصل على الكنز

« إن ذلك الكهف الذى تخشى أن تدخله .. يوجد به الكنز الذي تبحث عنه »

جوزيف كامبل

لا تخش من المغامرة... فبداخل المغامرة توجد كنوز الحياة.. لا تقبل أن تعيش على الفتات الموجود على الطرقات .. ادخل الحياة .. وابحث عن نصيبك منها .. فهو ليس قليلاً

نعم .. من المهم أن نقدر خطواتنا .. ولكن الجبن يستخدم نفس تلك العبارة لينفذ إلى قلوبنا .. والمغامرة ليست التهور .. المغامرة هي أن تحسب مخاطر عدم خوضها .. وليس فقط مخاطر أن تخوضها .. المغامرة هي حياة تجمع الحكمة مع الإقدام مع سرعة التعامل مع الفرص

ماذا سيقول السائرون في جنازتك؟ ـ أطال الله تعالى عمرك بالخير والصلاح . أيقولون من هو؟ كان لا أحد .. وعاش لا أحد .. ومات ولا يعرفه أحد .. أم يقولون .. كان باحثاً عن الكنوز .. وفاز منها بقدر .. وسار على طريق الكنز الحقيقي بأن ينفع الناس وينتفع بخير دعائهم

كنوز الحياة لا تظهر نفسها أبداً للخائفين ولا للمترددين. الكنز يحتاج دائماً إلى من يحميه ويرعاه وينفع به الناس .. فلا تعجب أن ترى الخائف لا ينتبه لكنوز الدنيا .. فهي حقاً لا تريه نفسها .. ولا تريده أنه يقتنصها. كنوز الحياة تبحث عن المغامرين .. وتأمن لهم!

المغامرة ليست فقط في التجارة أو الدنيا .. من أراد نفع الناس .. أو العمل للآخرة .. سيحتاج إلى قدر أكبر من المغامرة .. وإلى دخول الكهوف بحثاً عن الكنوز .. لا تخف!

لست بحاجة أن تكون
الأفضل .. ولكن لا
تكن أبداً الأسوأ، لأن
طموحك بسيط
© جميع الحقوق محفوظة، أقوال وخواطر، د.باسم خفاجي، فبراير ٢٠١٣م

أقوال .. وخواطر

لا تكن صغيرا !

« ليس الفشل جريمة .. وإنما الجريمة أن تكون أهدافك محدودة. عندما تكون همتك عالية فهو نصر لك حتى لو لم توفق »

بروس لي

الأهداف المحدودة تجعلك صغيراً في نظر نفسك وفي نظر الآخرين كذلك. نافس بما تملك. لست بحاجة أن تكون الأفضل .. ولكن لا تكن أبداً الأسوأ، لأن طموحك بسيط

لقد خلقك الله لحكمة .. فكل شيء عنده بمقدار، ولم تُخلق عبثاً. لماذا تتخيل أن حياتك يمكن أن تنتهي عبثاً. لا تنشغل بنقائصك .. فمن منا بلا نقائص! .. وانشغل بعناصر قوتك .. ومن منا بلا قوة!

ارفع من شأن نفسك مهما كانت الظروف قاسية. تأمل وأنت تمشي . لأنه ليس لديك سيارة . تأمل إنساناً مقعداً .. يحلم أن يخطو تلك الخطوات التي تلعنها أنت، لأنك تريد ما لدى غيرك وتنسى ما لديك. الهمة ليست منافسة الآخرين في أحلامهم، وإنما أن تنهض لتحقق أحلامك أنت

أكتب كتاب حياتك بيديك .. أنت. لا تتساهل أن تكتب ما لا تحب أن تراه غداً .. أو أن تقرأه على الناس .. وسيقال لك يوماً .. «اقرأ كتابك .. كفى بنفسك اليوم عليك حسيباً»

حياتك هدية مُنحت لك .. واستلمت الهدية .. دورك أن تسعد بها .. تحافظ عليها .. وتحولها إلى فرصة للرضى والسعادة .. الحياة هدية .. فاحذر ألا تستفيد من الهدية، فقد أُهديت إليك .. أنت!

إن لك أحلاماً ستيسر
لها .. فقط إن تجرأت
أن تحياها .. لا أن تحيا
لتحلم بها
© جميع الحقوق محفوظة، أقوال وخواطر، د.باسم خفاجي، فبراير ٢٠١٢م

أقوال .. وخواطر

انهض .. وعش أحلامك

« كن صاحب آمال عريضة، وتجرأ لتحققها كلها .. وكن صاحب أحلام عظيمة .. وتجرأ لتحيا هذه الأحلام »

نورمان فينسنت بيل

※

من منا بلا آمال .. ولماذا ينجح فقط البعض منا في تحقيق آمالهم؟ إنه الخوف من المبادرة .. الخوف من التقدم خطوة للأمام .. الخوف من الفشل

أكبر فشل يمكن أن يواجهك في الحياة هو ألا تحاول!

أضف إلى حياتك قليلاً من الجرأة .. وليس التهور .. الجرأة هي أن تحسب مخاطر عدم التحرك .. وليس فقط أن تحسب مخاطر الحركة

أكثر الخوف يأتي من كرامة زائفة .. إحساس أن الناس سيسخرون منك، وأنت فاشل .. وهم سيسخرون أكثر منك عندما لا تحقق ما أنت أهل له

احلم .. ولا تحلم بالتوافه .. بل بأقصى ما يمكن لك أن تحققه .. ثم تجرأ أن تطالب الحياة أن تعطيك هذه الأحلام .. عليك بالدعاء .. والإلحاح فيه .. وبذل أقصى الجهد .. والثقة بالله

تأملات حول الحياة والتغيير .. والأمل

أنت مسافر في رحلة قصيرة هنا .. فاجعل لدارك من أحلامك نصيباً .. ودارك ليست هنا .. وإنما أنت هنا في الطريق لها

© جميع الحقوق محفوظة، أقوال وخواطر، د.باسم خفاجي، فبراير ٢٠١٣م

تأمل معنى الحديث أنه «كل مُيَسّر لما خُلق له» .. إن لك أحلاماً ستيسر لها .. فقط إن تجرأت أن تحياها .. لا أن تحيا لتحلم بها

خذ خطوات لتحول أحلامك إلى واقع .. وسيتحقق بعضها قطعاً .. فهكذا الحياة .. فاجعل أحلامك تساوي الجهد الذي ستبذله لكي تتحقق .. فابذل أقصى ما أُوتيت من همة ومن قوة ومن عزيمة ومن دعاء واسعد بالأحلام .. عندما تراها واقعا

لا تتحقق الأحلام فقط عندما تكون رغبتنا في حدوثها جامحة، وإنما عندما نستجمع كل عناصر القوة من أجل تحقيقها. إن هذا هو الفرق الحقيقي بين من يسعى لتحقيق أحلامه .. ومن يكتفي بالرغبة في حدوثها

أحسن الظن فيمن خلقك .. فما خلقك لتشقى دون أجر .. وإنما الحياة شاقة لأن الأجر عال .. وكلما غلا الحلم .. كلما كان أجمل .. وكلما كان الجهد المبذول في الحصول عليه أكبر.

ارفع من قيمة أحلامك .. ولا تجعلها كلها أحلاماً في هذه الدنيا .. فأنت مسافر في رحلة قصيرة هنا .. فاجعل لدارك من أحلامك نصيباً .. ودارك ليست هنا .. وإنما أنت هنا في الطريق لها .. فاجمع من أحلامك ما يجعلك تسعد هناك .. واستفد من الطريق في هذه الرحلة أن يرفع من مكانة دارك في الحياة الآخرة

لا تدع قلة الهمة تفسد عليك حياتك .. وتحرمك من أحلامك .. انهض وعش أحلامك

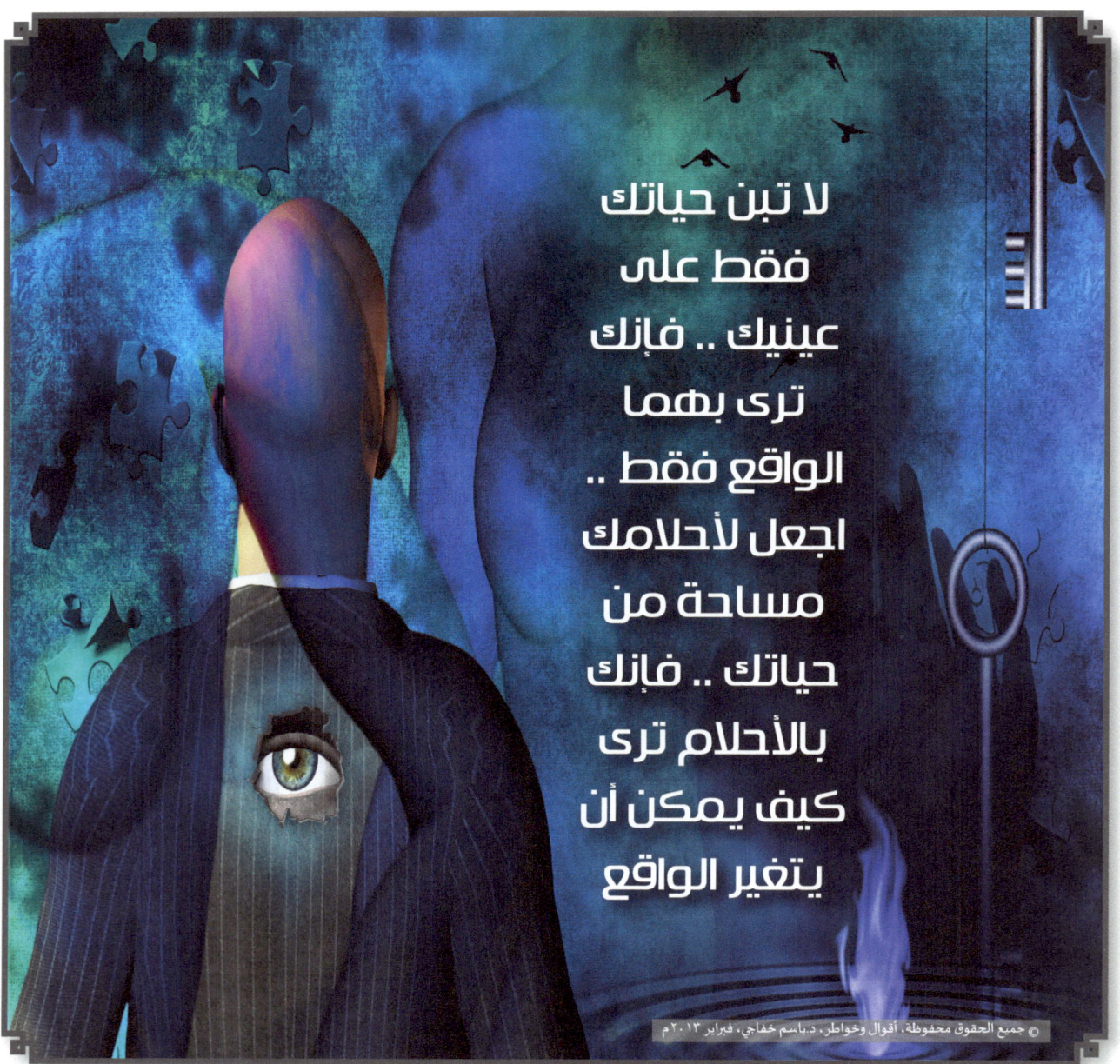

لا تبن حياتك
فقط على
عينيك .. فإنك
ترى بهما
الواقع فقط ..
اجعل لأحلامك
مساحة من
حياتك .. فإنك
بالأحلام ترى
كيف يمكن أن
يتغير الواقع
© جميع الحقوق محفوظة، أقوال وخواطر، د.باسم خفاجي، فبراير ٢٠١٣م

رؤية .. أم رؤى!

« العيون تعطيك الرؤية .. أما الأحلام فإنها تعطيك الرؤى »

جانيت تودد

لا تبن حياتك فقط على عينيك .. فإنك ترى بهما الواقع فقط .. اجعل لأحلامك مساحة من حياتك، فإنك بالأحلام ترى كيف يمكن أن يتغير الواقع

يخدعوننا عندما يقولون لنا: إن الحياة هي فن الممكن .. فن الممكن لا يبني قصص نجاح ولا يرفع من شأن أمة ولا بشر.

الحياة بحق هي فن المستحيل .. هي أن تحول أحلامك بل وأحلام من حولك إلى واقع .. هذه هي الحياة التي يجب أن نعتنقها، ونؤمن بها، ونتمنى أن نحياها بحق

لا تنتظر حتى تكون جاهزًا لتدرك مغزى أحلامك، فالحلم لا تظهر قيمته إلا عندما تصحو وتعمل له.
ابدأ.. واصمد.. وثقْ في نفسك.. وسوف تكون أفضل

بقدر ما يجب أن نحمد الله تعالى على العيون التي وهبها لنا لنرى الواقع .. بقدر ما يجب حمده جل وعلا أن أعطانا الأحلام التي تضيء لنا طرق النهضة والمستقبل .. وتقدم لنا رؤى الغد، وليس فقط واقع اليوم

تأملات حول الحياة والتغيير .. والأمل

ضع ثقتك بالله .. ولن تخسر أبداً .. وسيحقق لك ما تريد وأكثر

© جميع الحقوق محفوظة، أقوال وخواطر، د. باسم خفاجي، فبراير ٢٠١٣م

الأحلام والحياة

« مما يجعل الحياة مشوقة .. هو ذلك الاحتمال أن يتحقق أحد الأحلام »

باولو كويلهو

من نعم الله في الحياة أن تكون عندك القدرة أن تحلم .. والأهم أن تكون لك رغبة أن تحقق جزءا من أحلامك .. وأن تجمع الإرادة اللازمة لكي تحول بعض الأحلام إلى واقع .. وأن تكون لديك الثقة الكافية واللازمة في الله .. حتى ترى بعض الأحلام قد تحولت إلى واقع.

لا تتحقق الأحلام بطريقة أفلام السينما إلا نادرا .. أما في الحياة فتتحقق الأحلام للكثيرين منا بشكل هادئ وتدريجي، وقد لا ننتبه له إلا بعد أن يتحقق

الأمل في أن يتحقق حلم ما .. يمكن أن يكون دافعا جيدا .. كي نحيا حياة نافعة خيرة ..

مليئة بالحراك والنشاط

أحيانا.. تفاجئنا الحياة أن ما يتحقق لنا أكبر من قدرتنا على الحلم .. فقد يمنحنا الخالق من النعم .. ما لم نكن نعرف أنه موجود .. ولم ترق إليه .. حتى أحلامنا

ضع ثقتك بالله .. ولن تخسر أبدا .. وسيحقق لك ما تريد وأكثر

سحابة قد تمنع شمس
الحياة لفترة .. لكن
السحب لابد أن تمضي
لتعود الشمس لتشرق
© جميع الحقوق محفوظة، أقوال وخواطر، د.باسم خفاجي، فبراير ٢٠١٣م

انظر إلى الصورة الكاملة

« لا تجعل سحابة واحدة تعيق رؤيتك لكل السماء »

انايس نين

سحابة واحدة قد تمنع عنك شمس الحياة لفترة، ولكن السحب لا تثبت أبداً في السماء، وسرعان ما تزول لتعود الشمس لتشرق

لا تضيق زاوية النظر فلا ترى إلا ما يزعجك في هذه اللحظة .. تأمل كامل المشهد، وستجد من كثرة النعم ما يهون عليك انزعاجك من سحابة أو مشكلة أو موقف

عندما تنظر إلى أعلى فلا تتعجل .. فقوانين العلو ليست كقوانين الأرض .. واختر لنفسك أن تعلو تبعاً لقوانين السماء .. ولا تكن كفرعون الذي «علا في الأرض» وفيها سقط، ولحقه كذلك العار، وكل من تبعه

السماء جميلة بالسحب .. فمنها نعرف قيمة الصفاء .. والسحب التي تغيّب عنا الشمس تجعلنا أكثر اشتياقاً لها عندما تشرق وتنير حياتنا

سحب الحياة تضفي على أيامنا رونق الصبر والتعلم وانتظار الشمس، ومنها نتعلم أن الشمس دون سحب قد تتحول إلى أشعة حارقة وسماء مملة، وأنها بقليل من السحب أكثر جمالاً وحيوية

استمتع بالسماء .. وبالشمس .. وبالسحب .. ولا تدع سحابة واحدة تستولي على كل نظرك

لا تحقر قيمة ما لديك من
نور .. فقد يكون كافياً
ليضع غيرك على أول الطريق
© جميع الحقوق محفوظة، أقوال وخواطر، د.باسم خفاجي، فبراير ٢٠١٣م

أقوال .. وخواطر

كن نورا لمن حولك

« أعط الآخرين النور .. وهم سيجدون الطريق »

إيلا باكر

كن حامل شعلة الضياء .. فالظلام حولنا كثير .. والناس يبحثون عمن يدلهم على الطريق .. لا تبخل بما لديك من نور .. فما أحوج الخلق إلى من ينير لهم طرق الخير

لا تحقر قيمة ما لديك من نور .. فقد يكون كافياً ليضع غيرك على أول الطريق .. وقد يكون كافياً لتنجو أنت من ظلام النفس كذلك

البصائر درجات .. وقد تظن أن غيرك لا يحتاج للنور الذي لديك ليهتدي .. وقد لا تكون مصيباً في تقديرك لحاجة الآخرين لما لديك.. فلا تبخل .. واحذر أن تحقر ما لديك من خير .. مهما قل، أو ظنه غيرك أو ظننته غير مفيد

احذر ذلك الشيطان الذي يحاول دائماً أن يقنعك أن ما لديك قليل .. حقير .. لا يفيد، فهكذا يقل الخير بين الناس بوهم أن غيرك لا يحتاج لما لديك

تذكر كلمات خير خلق الله . صلوات ربي وسلامه عليه . وهو يذكّرك قائلاً: «لا تحقرن من المعروف شيئاً ولو أن تلقى أخاك بوجه طلق»

اقرأ .. دعني أراك .. تكلم
.. دعني أعرفك .. تشارك ..
دعني أتعلم منك!

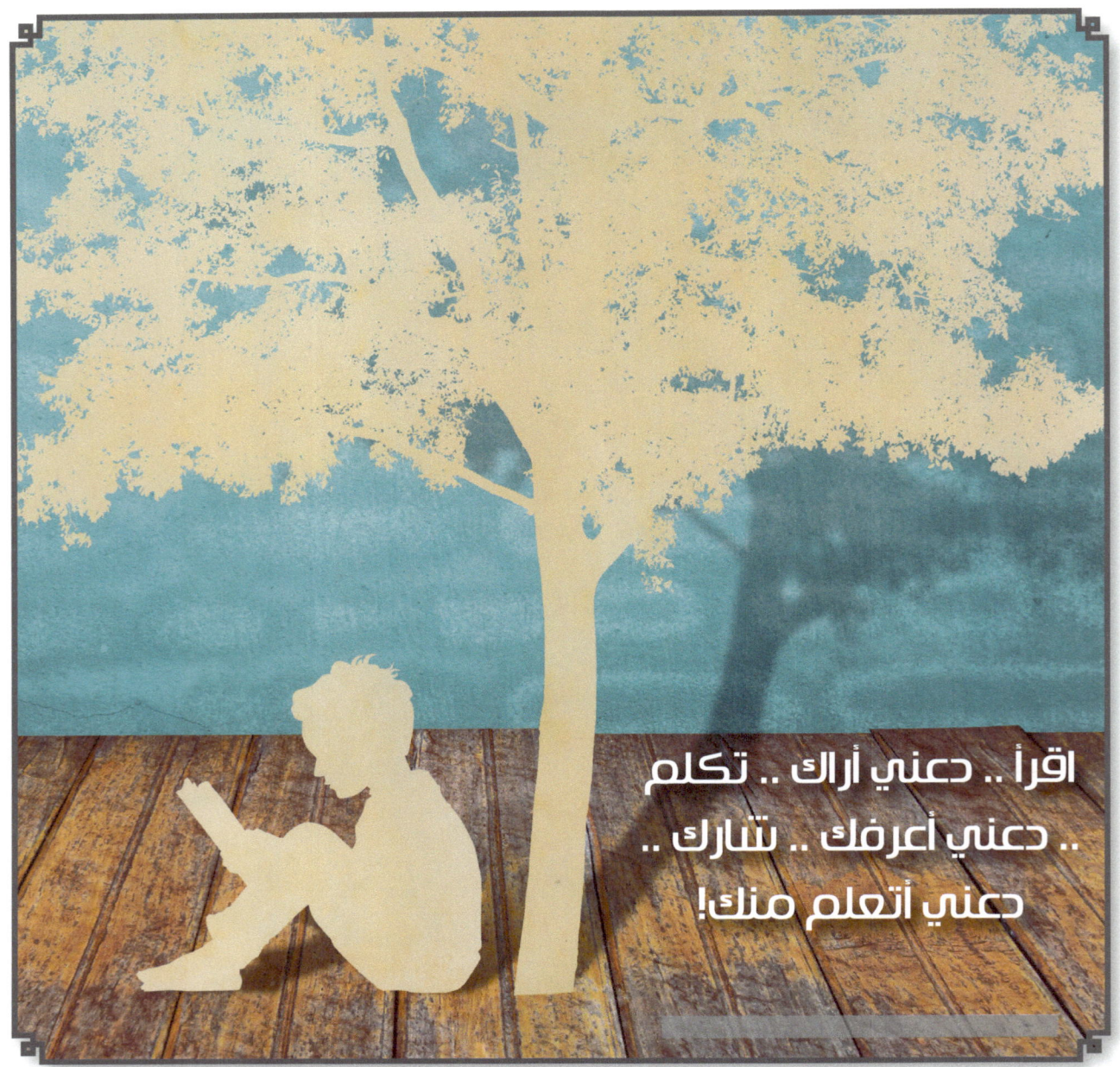

دليل الأقوال

الصفحة	القول
١٩	« يتبرم البعض لأن الورود تحيطها أشواك .. وأنا شاكر أن الأشواك بها زهور »
٢١	« ركز كل عقلك وطاقتك فيما تريد .. ولا تركز أبداً فيما لا تحب أو لا تريد .. فإن الحياة تعطينا دائماً مما نركز فيه .. جيداً كان أو غير ذلك »
٢٣	« لابد أن تصبح المنتج والمخرج والممثل الأول، في تلك القصة التي تروى عن حياتك أنت »
٢٥	« البحار الهادئة لا تصنع بحارة ماهرين »
٢٧	« الحياة .. هي كل ما يحدث .. وأنت مشغول بإعداد الخطط الأخرى »
٢٩	« كارهوك هم من ينشرون أخطاءك على الملأ .. ويهمسون بنجاحاتك »
٣١	« سئلت عائشة رضي الله عنها عن أن النبي صلى في آخر عمره قاعداً.. صلوات ربي وسلامه عليه .. فقالت: نعم بعدما (حَطَمَهُ النَّاسُ) »

الصفحة	القول
٣٣	« كيف ننفق أيامنا .. هو بالتأكيد كيف ننفق أعمارنا »
٣٥	« من جهل قدر نفسه .. جهل كل قدر »
٣٧	« كل منا يريد من الحياة أكثر، ولكن السعادة تبدأ عندما نقدر ما لدينا بالفعل »
٤١	« لا تجعل الضوضاء الناتجة عن آراء الآخرين .. تغطي على الحدس الذي تتمتع به »
٤٥	« ماذا لو أخبرتك أن حياتك ستبقى كما هي تماماً بعد عشر سنوات دون أي تغيير؟ أشك أنك ستكون سعيداً إن حدث هذا! إذن لماذا هذا الخوف من التغيير »
٤٧	« العالم ليس مديناً لك بشيء .. لقد كان هنا قبل أن تأتي بزمن طويل »
٤٩	« ليس مهماً كم عدد الأخطاء التي ترتكبها .. أو كم أنت بطيء في التطور .. فأنت تسبق كل هؤلاء الذين لا يحاولون .. بمسافة كبيرة »
٥٣	« ليس في الإمكان أن نغير كل ما نواجهه من أحداث .. ولكن لا يمكن تغيير أي حدث في الحياة دون أن نواجهه »
٥٥	« عندما تصعد في سلم الحياة، هناك دائماً قدم معلقة في الهواء، هي التي تنقلك إلى الأعلى »
٥٧	« اليوم .. سأفعل ما لا يفعله الآخرون .. حتى أحقق غداً ما يعجز عنه الآخرون »

أقوال .. وخواطر

الصفحة	القول
٥٩	« إذا كنت لا تعتقد أن الأشياء الصغيرة يمكن أن تؤدي إلى أمور كبيرة ..حاول أن تقضي ليلة كاملة وحدك مع ناموسة »
٦٣	« الاحتمالات المتاحة لك لا حد لها .. ولكنها كلها تبدأ عندما تقرر بعزم أن تفكر بشكل مختلف »
٦٧	« قد لا نستطيع أن نوجه الرياح .. ولكننا نملك أن نوجه أشرعة قواربنا في الحياة »
٧١	« نادراً ما يقودك الطريق السهل إلى المكان الذي من أجله خلقت »
٧٥	« لا تجعل الحاجة إلى الكمال التام تصبح حجر عثرة أمام التقدم للأمام »
٧٧	« لا تنظر للأحجار التي تعترض طريقك على أنها عقبات.. فقد تكون هي نفسها تلك الأحجار التي تصطف لكي تصعد فوقها إلى القمة »
٧٩	« أحياناً نختار أن نفقد أشياء جيدة .. من أجل أن نتيح مساحة لأشياء عظيمة .. جيد هو العدو الأول .. لعظيم »
٨٣	« لا تجعل ذكرياتك أكبر من أحلامك أبداً »
٨٧	« لون حياتك بالأقلام الملونة لخيلك »
٩١	« كل غروب شمس ..هو شروق في مكان آخر .. الأمر يعتمد على أين تقف »
٩٣	« إن ذلك الكهف الذي تخشى أن تدخله ... يوجد به الكنز الذي تبحث عنه »

الصفحة	القول
٩٥	« ليس الفشل جريمة .. وإنما الجريمة أن تكون أهدافك محدودة. عندما تكون همتك عالية فهو نصر لك حتى لو لم توفق »
٩٧	« كن صاحب آمال عريضة وتجرأ لتحققها كلها.. وكن صاحب أحلام عظيمة .. وتجرأ لتحيا هذا الأحلام »
١٠١	« العيون تعطيك الرؤية .. أما الأحلام فإنها تعطيك الرؤى »
١٠٣	« مما يجعل الحياة مشوقة .. هو ذلك الاحتمال أن يتحقق أحدالأحلام »
١٠٥	« لا تجعل سحابة واحدة تعيق رؤيتك لكل السماء »
١٠٧	« أعط الآخرين النور .. وهم سيجدون الطريق! »

رقم الإيـداع: ٣٩٧٧/٢٠١٣م
علم للنشر ـ القاهرة